纳税实务全真实训系列教材

U0689368

增值税防伪开票
及网上抄报税实训系统教程

CMAC 认证中心　主编

ZHEJIANG UNIVERSITY PRESS
浙江大学出版社

图书在版编目（CIP）数据

增值税防伪开票及网上抄报税实训系统教程／CMAC
认证中心主编． —杭州：浙江大学出版社，2011.9（2014.4 重印）
　ISBN 978-7-308-09147-3

　Ⅰ.①增… Ⅱ.①C… Ⅲ.①增值税－税收管理－管
理信息系统－中国－教材 Ⅳ.①F812.423-39

　中国版本图书馆 CIP 数据核字（2011）第 194764 号

增值税防伪开票及网上抄报税实训系统教程

CMAC 认证中心　主编

策　　划	黄娟琴	
责任编辑	许佳颖　王元新	
封面设计	续设计	
出版发行	浙江大学出版社	
	（杭州市天目山路 148 号　邮政编码 310007）	
	（网址：http://www.zjupress.com）	
排　　版	杭州中大图文设计有限公司	
印　　刷	杭州丰源印刷有限公司	
开　　本	787mm×1092mm　1/16	
印　　张	6.5	
字　　数	185 千	
版 印 次	2011 年 9 月第 1 版　2014 年 4 月第 3 次印刷	
书　　号	ISBN 978-7-308-09147-3	
定　　价	14.00 元	

增值税防伪开票及网上抄报税
实训系统教程编委会

主 编

李高齐

副主编

陈天灯　　梁　爽

编　委（按姓氏笔画为序）

王 荃	王海红	王 颖	王慧霞
甘 泉	史晓江	朱 丹	苏吉余
李 冬	李国辉	李高齐	吴勋耕
邹红燕	张 炜	陈天灯	范真荣
金建江	赵金芳	翁玉良	梁 爽
潘上永			

前　言

　　《纳税实务全真实训系列教材》是辅助财刀网"税务实训平台"的使用而编写的实训教材及教学案例，根据教学特点结合税务局和企业的业务规范，进行教学角色分工、流程组织、实训效果评估、实训档案采集等方面的探讨。

　　《增值税防伪税控开票及网上抄报税实训系统教程》是用于学习和上机操作国家税务总局开发的增值税防伪税控开票子系统及网上抄报税系统的专用实训教材，以模拟企业一个会计期间完整业务为基础，以发票为业务的载体，按照增值税专用发票的购买、开票、抄税、报税等管理要求，模拟企业从税务局发售金税卡、读卡器、IC 卡、购买发票、开具发票、抄税、报税等一系列工作，按照教程所提供的业务数据开具发票并装订成册，老师根据教学案例的正确答案进行实训结果评价。

　　本教程包括增值税防伪税控发行子系统、增值税防伪税控开票子系统和增值税发票网上抄报税系统三个子系统，同时有三类操作员，包括老师模拟的局端管理员和局端操作员、学生模拟的企业端开票员。

　　老师担任税务局管理员和税务局一般工作人员的角色，负责发行金税卡、税控 IC 卡、读卡器、发售发票、回收发票、报税、授权修改金税卡时钟等工作。

　　学生担任企业会计人员的角色，负责购买金税卡、税控 IC 卡、读卡器、购买发票、开票、抄税、报税、发票退回、发票作废、查询、统计等工作。

　　《增值税防伪税控开票及网上抄报税实训系统教程》也是初级税务专员岗位认证的必备实践技能之一，也是其他会计岗位需了解的基本知识。

　　本教程由 CMAC 认证中心的李高齐、梁爽及其他多位同事参与编写、绘图、修改，包括陈跃坚、杜丹、孟美伶、章俊、董柏、符沁；同时得到了众多高校财税专业老师对知识点选择、教学案例设计、实训课时安排、实训结果评价标准和方法等方面内容的审核、补充、修改和完善。正是得到这许许多多在财务、会计、税收、金融、管理等专业领域有深厚理论研究功底和丰富实践教学经验的老师们的精心修改和完善，才有这套系列教材的出版，在此一并表示真诚感谢，她们是：浙江旅游职业技术学院赵金芳老师、李冬老师、金建江老师；台州职业技术学院陈天灯老师、范真荣老师、邹红燕老师；浙江经贸职业技术学院潘上永老师、李国辉老师、周肖肖老师；绍兴中等职业专科学校周铭梨老师、许龙英老师；浙江经济职业技术学院朱丹老师、王荃老师、苏吉余老师；浙江工业职业技术学院甘泉老师、张炜老师。

李高齐

2011 年 8 月 12 日

CMAC 认证与初级税务专员

CMAC 认证全称是会计能力成熟度认证,能提升中国会计人员专业技能和综合素质,是财政部关于《会计行业中长期人才发展规划(2010—2020)》的重要部署。

认证中心通过联合财政部会计资格评价中心,中国会计学会及有关财经院校等方面的专家力量,引进国外先进的人才测评技术,自主研发了 HX-LMS 系统和 CMAC 认证平台,创建了会计岗位能力模型,是会计人员在国家会计专业技术职称评定外的又一个权威会计岗位认证体系,是岗位认证技术创新成果的重要应用。

该认证分实习员、出纳员、初级税务专员……财务经理、财务总监等共 15 个岗位等级证书,是企业招聘、用人的测评工具,是会计专业人士的终身专业护照,此证书已经正逐步被广大用人单位了解和接受。

初级税务专员是 CMAC 认证中心推出的一款专门培养企业办理涉税业务人员的技能等级证书,侧重于培养和测评会计人员对经营主体涉税业务的相关知识和操作技能,既包括税收理论、税收政策等知识的掌握,更重视实际业务操作技能的训练。紧跟国家税收管理科学化、精细化、信息化的潮流,围绕企业和税务局普遍使用的信息系统和管理工具及业务流程,完全模拟实际操作环境、票据及管理要求,给予学生身临其境的效果,增强对实际业务的感性认识,提高学生实际业务动手能力,从而提高就业竞争力。

初级税务专员参加以下 5 个及以上税务实训系统的学习和上机操作:《增值税防伪开票实训系统》;《增值税发票网上认证实训系统》;《增值税发票网上抄报税实训系统》;《增值税纳税申报实训系统》;《企业所得税纳税申报实训系统》;《个人所得税纳税申报实训系统》;《综合税收申报实训系统》;《生产企业出口退税申报实训系统》;《外贸企业出口退税申报实训系统》。

参加一个实训项目,经上机操作考试合格,可获得单项实训合格证书,在取得 5 个及以上单项合格证书并且取得 CMAC3 级电子证书后,可取得《初级税务专员》书面证书。

实训合格证和初级税务专员证书能给学生带来应聘、晋级、加薪等方面的帮助。

目　录

第一章 实训平台授权系统

第一节 系统管理员授权管理

系统管理员需登录财刀网的模拟税务系统。选择"税务实训平台"进入"税务实训平台授权系统",在"管理员登录"页面中输入"学校编号"、"用户名"、"密码"、"校验码"即可登录到系统管理员系统,这些信息可向财刀网销售部门获取。如图 1-1-1 和图 1-1-2 所示。

图 1-1-1 税务实训平台授权系统

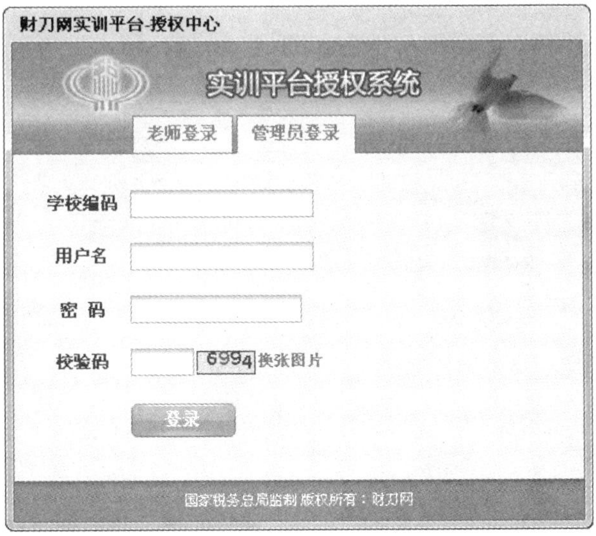

图 1-1-2 管理员登录系统

学校编码:可根据国家规定的学校统一代码进行填写,在学校网站上一般均有此信息。

用 户 名:"admin"加"学校编码"。例如,北京大学的学校代码是 10001,则北京大学的用户名就是 admin10001

密 码:123456,登录后须马上进行密码修改,如果修改后的密码遗忘,则可联系财刀网进行密码重置。

校 验 码:根据系统提示输入四位数字。

系统管理员可以进行老师管理、学生管理、查看产品授权信息、修改密码等操作。

一、新增老师账号

第一步:根据财刀网已经配置好的"学校编号"、"用户名"、"密码"登录管理员系统,选择"老师管理",如图 1-1-3 所示"新增老师"页面。

图 1-1-3 新增老师主页面

第二步:单击"新增老师",按图 1-1-4 提示要求依次输入"账号"、"姓名",单击"立即注册"。

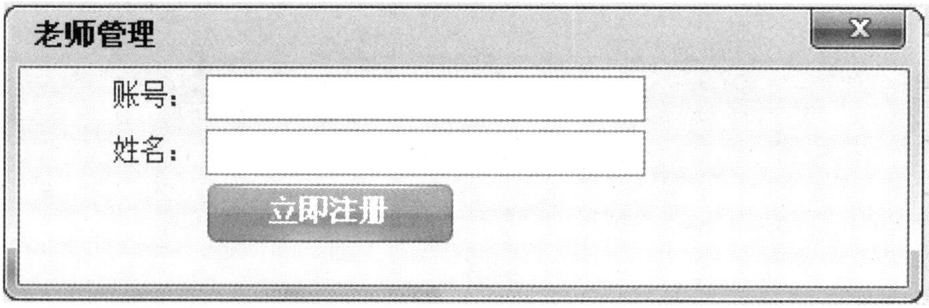

图 1-1-4 确认老师账号及姓名

第三步:新增老师操作成功后,如图 1-1-5 所示。

图 1-1-5 注册老师成功

注：系统管理员可对已经添加成功的老师进行"重置密码"、"修改"、"删除"操作，如图 1-1-6所示。

图 1-1-6 管理老师其他功能

1.当老师密码遗忘时可利用"重置密码"功能帮助找回密码。

2.修改功能可对用户名所属"姓名"进行修改。

3.若有老师已不再担任实训课程老师时，则可利用"删除"功能进行删除。

二、修改密码

系统管理员在登录到增值税防伪税控发行系统管理员子系统后，可通过"修改密码"功能对初始密码（123456）按自己个人习惯进行密码修改。作为系统管理员的老师在获得财刀网授权进入管理员实训平台授权中心后应及时进行密码修改工作，如图 1-1-7 和图 1-1-8 所示。

图 1-1-7　管理员修改功能

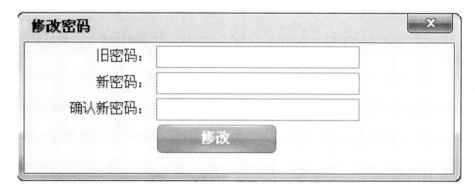

图 1-1-8　管理员修改初始密码

三、查看授权

通过系统提供的授权信息查看功能,系统管理员可查看所在学校实训产品的应用情况。如图 1-1-9 所示。

财刀网实训平台-实训平台授权中心		
老师管理　学生管理　授权信息		当前用户:admin99999	修改密码	退出
授权信息		
产品名称	到期时间	可使用天数
增值税防伪税控开票系统	2012-08-24	364
增值税网上申报系统	2012-08-23	363
企业所得税网上申报系统	2012-08-24	364
增值税发票网上认证系统	2012-08-24	364
增值税发票网上抄报税系统	2012-08-24	364
增值税普通发票开票系统	2012-08-24	364
个人所得税网上申报系统	2012-08-23	363
生产企业出口退税申报系统	2012-08-22	362
外贸企业出口退税申报系统	2012-08-22	362

图 1-1-9　系统管理员查看授权信息

第二节　老师管理学生账号

本功能主要用于实训班级老师添加实训学生信息,对参加实训的学生进行初始管理。实训平台授权系统的老师登录页面如图 1-2-1 所示。

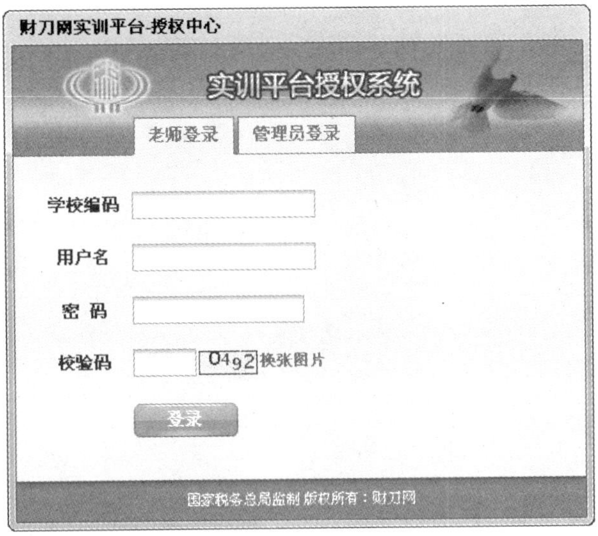

图 1-2-1　老师登录页面

学校编码:可根据国家规定的学校统一代码进行填写,在学校网站上一般均有此信息。

用 户 名:由所在学校管理员根据每个实训班级的老师进行分配。

密　　码:系统默认 123456,实训老师在首次进入老师管理系统后及时进行密码修改。

校 验 码:根据系统提示的四位数字进行填写。

一、修改密码

通过图 1-2-2 所示的页面可进行老师管理系统的密码修改。提示:作为管理学生的老师在获得系统管理员登录授权进入老师实训平台授权中心后应及时进行密码修改工作。

二、学生管理

注册学生信息有两种方式:逐个注册和通过 Excel 文件批量导入。

1.根据学生学号及姓名通过"新建用户"单独逐一添加依次录入学生的学号、姓名、班级信息保存即可,如图 1-2-3 和图 1-2-4 所示。回到学生管理页面可查看已经添加成功的学生信息。

2."财刀网"提供的 Excel 模板将学生学号、姓名及所在班级制作成 Excel 表格如图 1-2-5 所示,通过"批量注册"功能查找表格存放位置,上传 Excel 表格进行批量注册如图 1-2-6 所示。注意:此处 Excel 文件的版本号必须按照财刀网模板提供的版本号,不要进行其他转换。

图 1-2-2　老师修改密码

图 1-2-3　老师注册学生账号

老师可根据学生的实际情况进行学生信息的注册,两种方式下注册学生信息效果相同。

三、查看产品授权信息

通过系统提供的授权信息查看功能,查看学校已购买的实训产品清单,如图 1-2-7 所示。

图 1-2-4 单一注册学生信息

学号	姓名	班级
12345601	王一	税务一班
12345602	王二	税务一班
12345603	王三	税务一班
12345604	王四	税务一班
12345605	王五	税务一班
12345606	王六	税务一班
12345607	王七	税务一班
12345608	王九	税务一班

图 1-2-5 批量注册学生信息 Excel 表格

图 1-2-6　批量注册学生导入功能

图 1-2-7　老师查看授权信息

第三节　增值税防伪税控发行子系统

老师登录财刀网,进入税务实训平台,单击授权管理系统,就可启动税控发行子系统,模拟税务局为学生模拟企业发行金税卡、发售发票、IC 卡报税、修改金税卡时间授权等业务。老师只需录入其学校编号及"用户名"、"密码",填写正确的"校验码"即可登录到"老师管理"系统(见图 1-3-1)。老师主要包括根据学生学号及姓名录入系统完成对 IC 卡信息的发行、发票管理、报税管理、修改金税卡时钟授权等功能,在老师模拟税务系统协助下使得学生顺利完成开票系统实习。

图 1-3-1　税控发行系统老师登录页面

一、企业发行

企业发行是企业获得防伪税控开票子系统的重要环节,老师通过此功能模拟税务局给企业开户,将开具发票时的销货方信息及开票限额写入 IC 卡,发放给学生作为进入开票系统的授权,如图 1-3-2 所示。

图 1-3-2　老师管理主页面

1. 开户管理

单击"新建用户",将学生学号及姓名填写完整,实训平台根据学生信息自动配置一个企业的信息到该账号,包括销货方名称、纳税人识别号、单位地址、电话、开户银行及账号、开票限额等。

IC 卡发行步骤如下。

第一步:IC 卡发行。

老师在"实训平台授权系统"注册完学生信息后可在"增值税防伪税控发行子系统"开户管理"已创建列表"中查看已成功创建的用户学号及用户名,系统会自动分配给用户学生一个模拟实训企业的基本信息。如图 1-3-3 所示。

开户管理

当前用户:9999902　返回首页　退出

已创建列表

	用户学号	用户名	纳税人识别号	企业名称	操作
1	20110825001	1	330199999000050	昊天印刷厂	已发行
2	20110822008	王海红	330199999000049	朋友印刷厂	已发行
3	20110822007	冯建	330199999000048	朝金印刷器材制造有限公司	已发行
4	20110822006	吴勋耕	330199999000047	现代印刷材料有限公司	已发行
5	20110822005	曾凡钦	330199999000046	肖东镇富华印刷包装厂	已发行
6	20110822004	刘文坚	330199999000045	中美塑料彩印厂	已发行
7	20110822003	张春鹏	330199999000044	方正包装有限公司	已发行
8	201108022002	王静维	330199999000043	环宇印刷机械厂	已发行
9	20110822001	姜明霞	330199999000042	万杰印刷机械厂	已发行
10	15906687850	高馨美	330199999000041	凯达印刷包装有限公司	发行

首页 < 1 2 3 4 5 6 > 末页

图 1-3-3　开户管理页面

第二步:通过单击如图 1-3-3 所示的"发布"按钮,查看分配给该学生的金税卡发行信息。

第三步:将空白税控 IC 卡插入读卡器中连接到电脑后,单击如图 1-3-4 所示的"发行"完成对该学生的金税卡发行。此时老师已根据学生个人信息将用于实训企业的基本信息已经写入到 IC 卡中,将成功发行的 IC 卡发给学生,作为学生登录防伪税控实训开票子系统的"钥匙"。

2.发行金税卡

如果学员的税控 IC 卡发生丢失,可通过"发行金税卡"功能输入用户学号补充发行丢失的税控 IC 卡。

第一步:进入"发行金税卡",输入要查询的学生学号。如图 1-3-5、图 1-3-6 所示。

第二步:单击"查询",可查询到已发行成功企业信息。如果学生在实习过程中发生 IC 卡丢失,插入空白 IC 卡单击"发行",则该学号的 IC 卡补发成功。如图 1-3-7 所示。

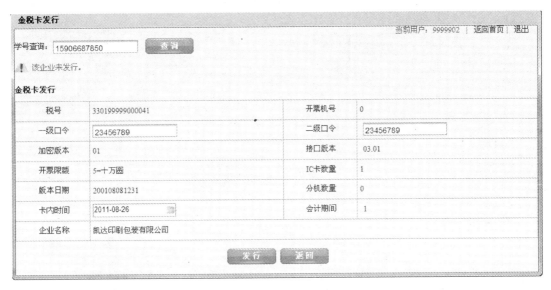

图 1-3-4 金税卡发行页面

图 1-3-5 补发行金税卡

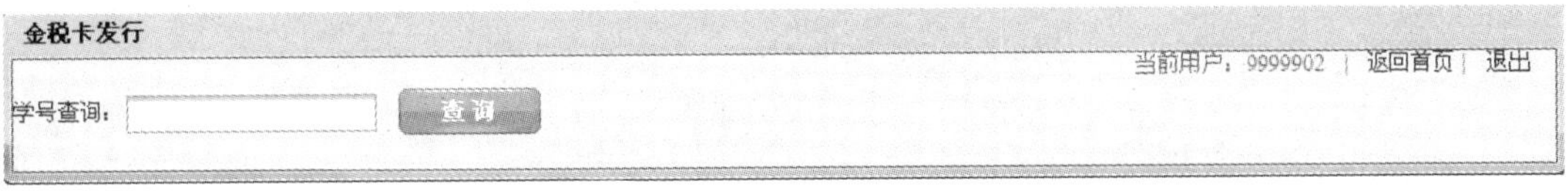

图 1-3-6 确认学生学号信息

图 1-3-7　确认发行学生信息

二、发票管理

发票管理由发票发售及发票收回两个功能组成。

(一)发票发售

发票发售主要模拟企业(学生)从税局机关(老师)领购发票的过程,以及学生凭税控 IC 卡和相关资料向老师申请领购电脑版增值税专用发票。老师核对学生提交发票领购资料,确认无误后,按照专用发票发售管理规定,通过发售系统向学生发售增值税专用发票,并将所购买的专用发票电子信息保存在税控 IC 卡内,如图 1-3-8 所示。

图 1-3-8　发票管理功能

发票发售步骤如下：

第一步：单击"发票发售"进入发售页面。输入发票起始号及发售发票总张数。如图 1-3-9 所示。

图 1-3-9　老师模拟系统发票发售

第二步：以上内容填写完毕后单击"确认"，则将购买发票的电子信息保存到学员的 IC 卡中，并将与电子发票号码相对应的实训教学用纸质空白增值税专用发票一同分配给学生，供学生模拟实训时使用。

注：在实训教材中已经模拟了 20 个有关开具增值税专用发票的业务案例资料，老师在发票发售过程中统一将发票总张数填为 20 张，如在开具发票过程中对开票系统不熟悉，产生已领购发票数量不能够满足实训需求，老师可针对这类情况对此类学生在实际开票实习过程中增加专用发票发售，也可根据实际情况选择其中的一些案例，同时减少空白发票的数量。

（二）发票收回

当实训结束时要求学生将尚未使用的发票做发票退回处理。插入学生已经成功在开票系统中申请退回发票电子信息的 IC 卡，单击"发票收回"，提示"IC 卡库存发票信息已退回"，确定后则将剩余未开具发票的电子信息退回成功，相应的纸制发票也应收回。如图 1-3-10 所示。

（三）授权管理

为模拟税控 IC 卡征期抄税需要，学员在开票系统模拟开具完成 1 个月的经济业务时可向老师申请"修改金税卡时间授权"，将学生的税控 IC 卡插入已连接电脑的读卡器中，将"修改金税卡时钟"选中，单击"确认授权"，则修改金税卡时钟授权成功（见图 1-3-11）。此时学生可使用已经授权成功的 IC 卡进入开票系统中进行金税卡时钟的修改操作，以便实现征期抄税处理。

图 1-3-10 发票收回功能

图 1-3-11 修改金税卡时钟授权功能

三、报税系统

报税系统用于学生在开票系统中成功进行抄税后,使用 IC 卡及相关报税资料到老师处进行 IC 卡报税,如图 1-3-12 所示。将学生的 IC 卡插入已连接电脑的读卡器中,审核学生提交的相关发票开具资料后,插入税控 IC 卡,单击"IC 卡报税"功能进行报税,报税成功后系统将清卡指令写入 IC 卡中,同时写入锁时期信息,以后,可以获得继续开票权。

图 1-3-12 报税系统

第二章 增值税防伪税控开票子系统

第一节 增值税防伪税控系统知识简介

一、增值税防伪税控系统制度

增值税防伪税控系统是国家为加强增值税的征收管理,提高纳税人依法纳税的自觉性,及时发现和查处增值税偷骗税行为而实施的国家金税工程的主要组成部分。该系统是1994年由国家税务总局与航天工业总公司等部门,联合开发研制的,集计算机、微电子、光电技术和数据加密等技术于一体。该系统采用复合式加密认证算法,采用理论上不可破译的一机一密、一次一密的密码体制,具有很强的保密性和安全性。税务部门和企业利用该系统能独立实现发票的防伪认证。

增值税防伪税控系统由六个子系统构成,即税务发行子系统(仅安装到省局及市局以上税务部门)、企业发行子系统、发票发售子系统、报税子系统、认证报税子系统和防伪开票子系统。税务发行子系统的主要功能是对下级税务发行子系统、下级企业发行子系统及下级认证报税子系统进行发行;企业发行子系统的功能是对企业开票子系统进行初始发行和向企业发售专用发票;认证报税子系统的主要功能是接收企业的抄税数据并对发票的真伪进行辨别,以上子系统分别用于各级税务机关。防伪开票子系统则是专门用于企业开具专用发票,防伪税控开票子系统必须通过其主管防伪税控税务机关对其所持有的"税控 IC 卡和金税卡"进行发行后才能使用。

从防伪税控系统的报税子系统取得的存根联数据和认证子系统取得的抵扣联数据将直接进入增值税计算机稽核系统,通过增值税计算机稽核系统,对增值税专用发票信息和纳税申报信息进行全面交叉比对,及时掌握税源情况和发现增值税税收管理过程中的各种问题,能够遏制利用增值税专用发票进行违法犯罪的行为。

二、增值税防伪税控系统概述

防伪税控系统集计算机、微电子、光电技术以及数据加密等技术于一体,取消了手工开票的方法,使用防伪税控开票子系统电脑开具增值税专用发票。整个系统以增值税专用发票为核心,为从发售发票时的源头控制、发票填开时的防伪与计税、发票抵扣时的识伪、增值税专用发票的抄报税等各个环节提供了强有力的监控手段,从而达到对增值税专用发票防伪和税控的双重功效。

1.票源控制

企业使用防伪税控开票子系统开具增值税专用发票前,首先持税控IC卡到税务部门购买发票,购买纸质发票的同时,税务部门将购票的电子信息写入企业的税控IC卡上,每张增值税专用发票上的发票代码和号码是唯一的,企业在开票子系统中读入新发票后,就可以开具发票了。开票子系统在开具发票时自动从首张流水号开始顺序使用,直至用完,若无新购发票,系统将自动关闭,不能继续开票。一方面,通过购买发票时对实物发票与发票电子信息一致性的控制,使企业难以用假发票开票,进一步增强系统的安全性;另一方面,由于税务部门对企业发票的领、用、存情况有详细记录,从而达到了控制票源的目的。

2.防伪原理

在开票过程中,利用开票子系统提供的加密功能,将发票上的主要内容经过加密形成防伪电子密文打印在发票上,四联或七联发票一次同时打印完成。由于任何发票的信息不可能完全相同,也就是说每张发票都是唯一的。系统采用了国际上先进的加密算法和密码机制,确保每台开票机开具的每张增值税专用发票的密码都是唯一的,并且与每张发票上的各项参数相对应。

3.识伪原理

识伪原理就是税务机关利用高速扫描仪将发票上的密文和明文图像自动录入计算机,采用字符识别技术将图像转换成数字信息,然后对发票上的密文进行解密还原,并与发票明文进行比对。由于防伪增值税专用发票是一票一密,因而比对结果一致则为真票,否则为假票。

4.税源控制

为了达到防伪税控系统对增值税专用发票税额监控的目的,每次打印发票时,开票子系统都将发票的交易金额、税额、流水号以及发票使用情况记录在税控设备的"黑匣子"中。黑匣子类似于飞机上的"黑匣子",其中的数据一旦写入,只能读取,不能修改。每月报税期时,企业必须利用税控IC卡抄取黑匣子中的报税数据,并按时到税务机关报税,否则开票系统会自动锁死。一旦锁死就不能进行开票等业务操作了。

三、增值税防伪税控开票系统工作流程

增值税防伪税控开票系统工作流程(见图2-1-1):

图2-1-1　增值税防伪开票系统工作流程

1.企业持IC卡到税务机关购买发票;

2.将IC卡中的购票信息读入增值税防伪开票系统的金税卡内;

3.在开票系统中填开、打印发票;

4.在开票系统中抄税后,持IC卡及报税资料到税务机关进行IC卡报税。

四、增值税防伪税控开票系统组成

增值税防伪税控开票子系统由专用设备(税控IC卡、读卡器、金税卡)、通用设备(计算机、打印机)及开票软件组成。防伪税控开票子系统必须通过其主管防伪税控税务机关对其

所持有的"税控 IC 卡和金税卡"进行删除发行后才能使用。

1.专用设备

(1)税控 IC 卡:是企业与税务机关传递信息的介质,进入防伪税控系统的"钥匙",税控 IC 卡上的信息不易人工修改,可以保证数据的安全性,它充当了企业与税务机关信息传递的介质。除此以外,税控 IC 卡还具有以下作用:

①企业购买发票的凭证之一,传递企业所购发票的发票号码和张数;

②抄取企业纳税信息;

③进入防伪税控开票子系统的钥匙。

(2)金税卡:是插入计算机内的一块智能卡,是增值税专用发票防伪系统的核心。其主要功能是其加密解密功能部件能将发票上的 7 个重要数据(发票代码、发票号码、开票日期、购货方税号、金额、税额、销货方税号)加密生成 108 位的电子密文(如企业采用非新型金税卡则将上述数据生成 84 位电子密文,目前也有少部分地区使用增值增防伪开票系统开具密文区为二维码的增值税专用发票)。同时,金税卡上集成税控黑匣子,税控黑匣子中含有大容量的存贮器,企业开具的发票数据被逐票存储于存贮器中,存储后的数据只能查看不能修改。

(3)读卡器:用于读写税控 IC 卡中的信息,连接在金税卡上。

2.通用设备

通用设备是指计算机、打印机、扫描器具和其他设备。一般纳税企业可自行选择购买通用设备(计算机、针式打印机),但应与金税卡兼容。计算机用于安装和运行一机多票开票软件,针式打印机用于打印多联次发票和各种报表。

3.开票软件

增值税防伪税控系统是指经国务院同意推行的,使用专用设备和通用设备,运用数字密码和电子存储技术管理专用发票的计算机管理系统。

五、增值税防伪税控开票子系统的主要功能

1.开具带有防伪电子密码的增值税专用发票(包括红字发票)。

2.各种含税价与不含税价的自动换算,不必使用计算器。

3.方便灵活的客户信息库和商品库操作,最大限度地减轻开票人员填写发票的麻烦,缩短开票时间。

4.可开具发票清单及销售折扣。

5.发票作废功能。

6.模拟修改金税卡时间并完成抄报税功能。

六、增值税防伪开票实训系统安装指南

1.浏览器要求

增值税防伪开票实训系统对进行访问页面的浏览器要求是 Internet Explorer 8,学员若正常使用增值税防伪开票实训系统必须对所在电脑的浏览器进行设置。

浏览器查看方法如下:

(1)打开桌面 Internet Explorer 浏览器,查看浏览器版本。如图 2-1-2 所示。

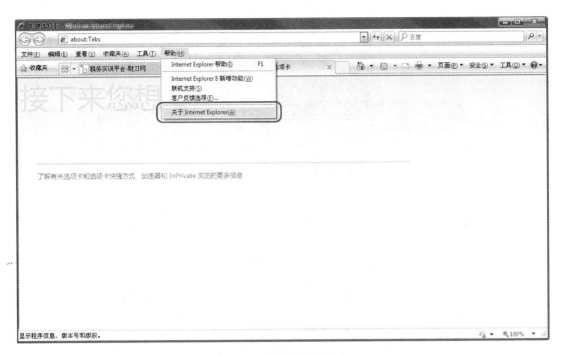

图 2-1-2　查看浏览器版本 1

（2）选择"关于 Internet Explorer"查看浏览器版本，如图 2-1-3 所示。

图 2-1-3　查看浏览器版本 2

　　如果学生所用电脑未使用 Internet Explorer 8，应及时进行浏览器的升级或更换工作。世界之窗、Mozilla Firefox 等浏览器也应更换成 Internet Explorer 8。

2.IC 卡驱动安装

根据财刀网提供的"读卡器驱动 ACR38U－CFC. rar"安装程序,双击选择并根据系统提示进行安装。如图 2-1-4—图 2-1-6 所示(总体安装原则见"下一步"单击"下一步",见"安装"单击"安装"即可完成 IC 卡驱动安装)。

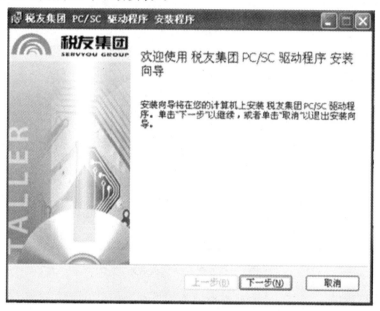

图 2-1-4　IC 卡驱动安装

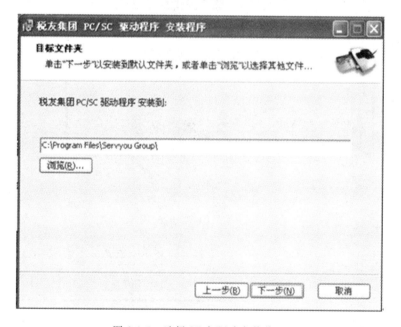

图 2-1-5　选择 IC 卡驱动安装位置

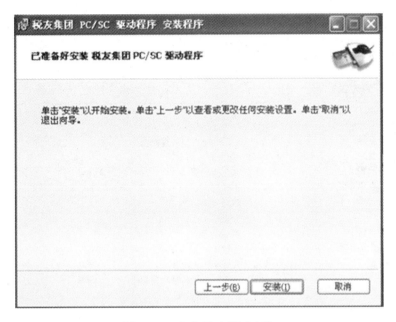

图 2-1-6　完成 IC 卡驱动安装

　　IC 卡驱动安装完成后,需要在本地电脑上将 IC 卡类型设置"SLE4442"。

　　3.SLE4442IC 卡配置

　　用于增值税防伪开票实训系统的 IC 卡是 4442 卡,还需要在"我的电脑"中对驱动后的税控 IC 卡进行配置。

　　IC 卡设置步骤如下。

　　第一步:应将插入 IC 卡的读卡器连接到电脑,右击桌面"我的电脑"图标,选择"管理"选项进入。如图 2-1-7 所示。

图 2-1-7　我的电脑管理

第二步：选择"设备管理器"→"智能卡阅读器"。如图 2-1-8 所示。

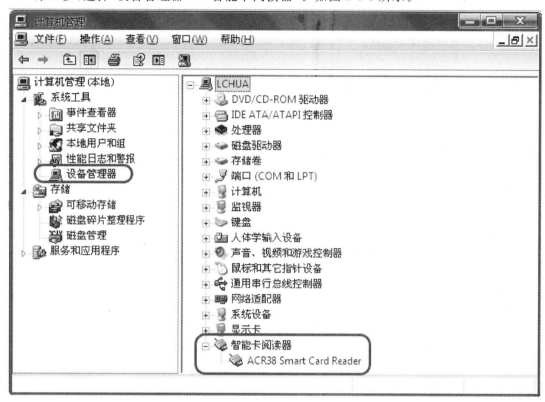

图 2-1-8　智能卡阅读器设置

第三步：选择如图 2-1-8 所示的"ACR38 Smart Card Reader"，出现如图 2-1-9 所示的"ACR38 Smart Card Reader 属性"对话框，进行"Reader"设置，将"Card Type"类型选择为"SLE4442"，单击"确定"，会弹出一个英文提示，提示拔出读卡器，再重新插回去，则 IC 卡设置生效。

注：一般情况下一次安装后无需再安装，但在实训过程中出现增值税防伪开票实训系统读不出 IC 卡情况时，可通过此功能查看"Card Type"类型，若参数有变化，此时只要重新将 IC 卡类型设置为"SLE4442"，重新拔插读卡器即可正常使用。具体使用过程中若有疑问请及时联系财刀网。

4. 增加可信站点

选择 Internet 选项，进行安全选项设置，将 http://www.caidao8.com 设置成"可信站点"，如图 2-1-10 所示进行操作。

5. 导入证书

财刀网会提供一个 jdls.cer 的导入文件，根据以下操作后保存退出即可。

6. 写卡插件和打印插件安装

写卡插件和打印插件是浏览器的 Activex 控件，会在浏览器打开时自动下载，当出现一些特殊情况时，需要手工进行 Internet 选项的设置。

图 2-1-9　设置 SLE4442 卡

图 2-1-10　可信站点设置

完成导入操作后进入增值税防伪开票实训系统有可能会出现如图 2-1-11、图 2-1-12 所示的提示安装控件信息,此时学生们根据系统提示选择安装即可。

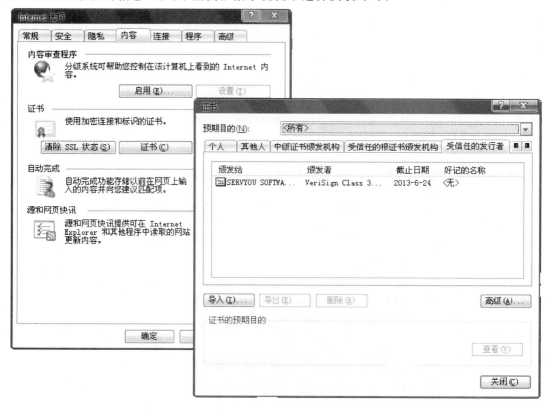

图 2-1-11 导入证书

图 2-1-12 Activex 控件安装

第二节　增值税防伪开票系统应用

一、系统登录资格获取

从老师处领取根据学生学号及学生姓名已成功发行的税控 IC 卡及读卡器。IC 卡中已经成功读入分配给学生企业基本信息、开票的最高限额 10 万元（价税合计限额不超117000.00）。

二、学生系统登录

登录实训系统是在财刀网学习防伪开票实训的前提。为了保证系统数据的安全性，防止他人进行破坏性或违法操作，本实训系统建立了操作员管理体系和系统登录机制。已将合法操作人员的操作权限级别与身份录入老师管理数据库中，且每个操作员都设有自己的登录口令，以保证插入 IC 卡的读卡器连接到电脑时，只有身份合法且口令正确才可以登录本系统。

第一步：将 IC 卡插入读卡器中，从安装在客户端的税务实训平台进入，如图 2-2-1 所示，系统会自动从 IC 卡中读入"学校编码"和"用户名"。

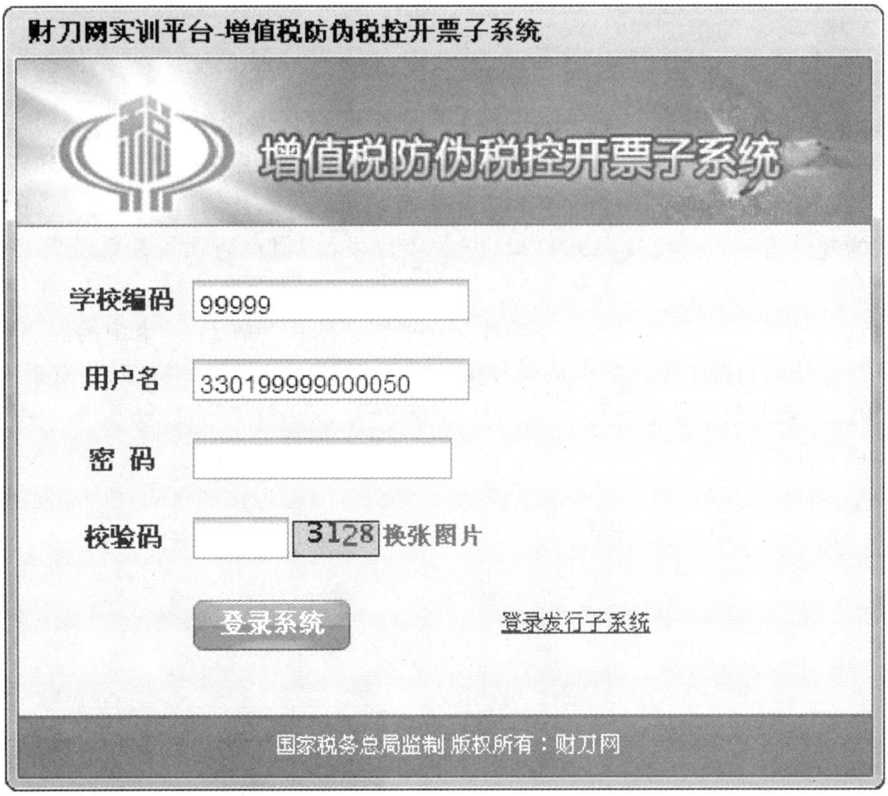

图 2-2-1　系统登录对话框

第二步:用户输入正确密码及提示的验证码后,单击"登录系统"按钮,进入"增值税防伪税控开票子系统"发票管理主界面。如图 2-2-2 所示。

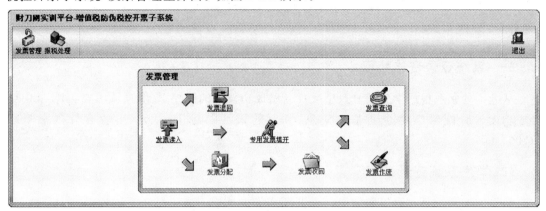

图 2-2-2　增值税防伪税控开票子系统发票管理界面

三、发票管理

发票管理是增值税防伪税控开票系统的主要功能之一,由发票读入、发票退回、专用发票填开、发票查询、发票作废等功能组成,用于管理增值税发票的领用信息、开具和打印密文发票、作废发票、开具红字发票及折扣发票。

(一)发票读入

防伪税控企业凭税控 IC 卡向主管税务机关领购电脑版专用发票。主管税务机关核对企业出示的相关资料与税控 IC 卡记录内容,确认无误后,按照专用发票发售管理规定,通过企业发票发售子系统发售专用发票,并将专用发票的起始号码及发售时间记录在税控 IC 卡内。相关的规定请参阅国税发〔1999〕221 号关于印发《增值税防伪税控系统管理办法》的通知。

发票读入是开具发票的前提,主要功能是企业将新购买存放于 IC 卡中的发票电子信息读入到开票系统的金税卡中。学生从老师模拟的系统领购发票后,应及时将发票电子信息从 IC 卡中读入到开票系统中。

发票读入步骤如下:

第一步:将已成功读入发票电子信息的 IC 卡插入读卡器连接到电脑,单击"发票管理"→"发票读入"选项。如图 2-2-3 所示。

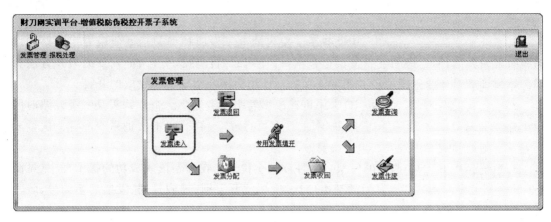

图 2-2-3　发票读入主界面

第二步：系统弹出"您确认要从 IC 卡读入发票？"提示信息框。如图 2-2-4 所示。

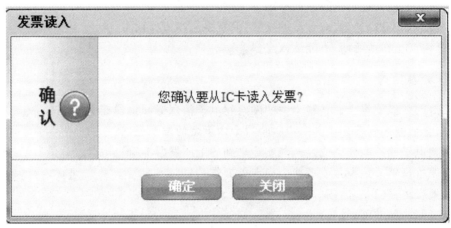

图 2-2-4　发票读入确认界面

第三步：单击"确定"后出现提示"读入成功"页面。再次单击"确认"后返回发票管理主界面。如图 2-2-5 所示。

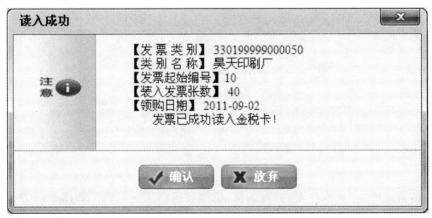

图 2-2-5　发票读入成功界面

注:

1.企业在实际经营活动中,从税务系统发售的电子发票种类包括增值税专用发票和增值税普通发票两种,相应的纸质发票也是两种,使用时需注意区分,两种发票的填开方法相同。本实训教材主要以增值税专用发票领购与使用为例介绍增值税发票的开具。

2.在领购发票时,一张税控IC卡中可存放多卷多种类发票。企业购买某一类发票时的一个连续号码段称之为一卷,税控IC卡上最多可存放5卷发票(本实训系统允许一次读入一卷从老师处领购专用发票的电子信息)。

3.系统会将IC卡中购买的发票一次性读入金税卡。在发票读入成功的提示框中(见图2-2-5)会显示出读入的各卷发票的基本信息,包括发票类别、领购日期、发票起始编号、装入发票张数等。

4.读入的发票在金税卡中根据读入顺序给出一个卷号。

5.如有下列情况将不能成功读入发票:

(1)未插入税控IC卡或插入的不是本机税控IC卡。

(2)税控IC卡中无领购或分配的发票,或发票流水号已读走。

(3)金税卡已到锁死期,不能读入发票。

(二)发票退回

发票退回功能是将企业金税卡中的发票卷电子信息退回到税控IC卡中。

一般,企业在遇到下列情况时应将金税卡内剩余的发票退回:

1.所购电子发票的代码或号码与实际拿到的纸质发票不符;

2.需要进行更改纳税号或更换金税卡等操作;

3.当地税务部门要求将剩余发票退回。

发票退回步骤如下:

第一步:单击"发票管理"→"发票退回"选项,如图2-2-6所示。

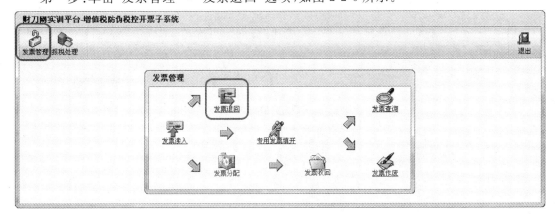

图2-2-6　发票管理主界面

第二步:系统弹出"选择发票卷"对话框,选择要退回的发票卷。如图2-2-7所示。

	卷号	起始号码	发票份数	领购日期
	0	10	40	2011-09-02

图 2-2-7 "选择发票卷"对话框

第三步:单击"退回"按钮,系统弹出"发票退回"对话框让用户确认是否确认退回此卷发票。如图 2-2-8 所示。

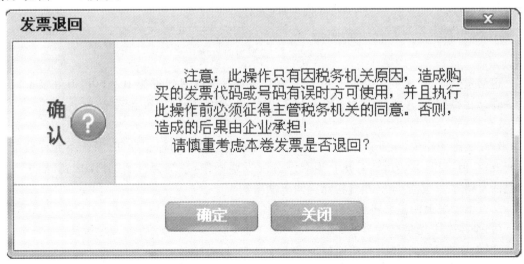

图 2-2-8 发票退回确认页面

第四步:单击"确定"按钮后,系统弹出欲退回的发票卷信息,让用户再次确认是否确实退回此卷发票。如图 2-2-9 所示。

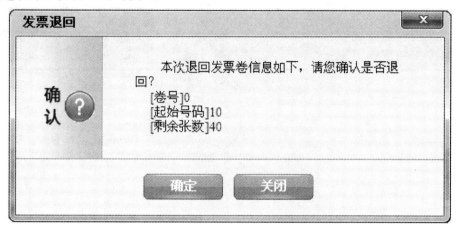

图 2-2-9　发票退回再次确认页面

第五步：单击"确定"按钮后，发票退回成功。如图 2-2-10 所示。

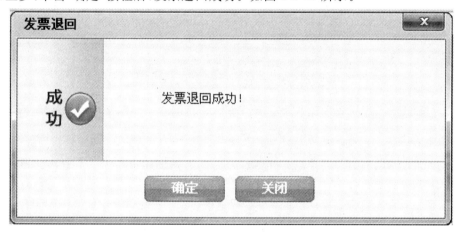

图 2-2-10　发票退回成功

退回发票时，系统能将金税卡中的多卷多种类发票退回到税控 IC 卡中，但最多不能超过 5 卷。在税控 IC 卡上存储的多卷退回发票可以一次性退回到税务系统。

注：

1.在实际工作中，从征期起始日开始至读入征期报税成功标志期间，系统不允许分配和退回发票，但可以读入发票，若执行退票或分配发票操作，系统会提示"会计日到，禁止分配和退回发票卷"。本实训软件对特殊期间未加限制。

2.以下情况退回发票将失败：

（1）金税卡中无剩余发票；

（2）未在读卡器中插入本机税控 IC 卡；

（3）税控 IC 卡中已有 5 卷尚未读走的退票信息（本实训系统只允许读走所开剩余的发票信息，对发票卷信息无控制）；

（4）因过期未抄税使金税卡锁死，不能执行退回发票操作；

(5)征期起始日开始至读入征期报税成功标志期间,不能执行退回发票操作。

3.发票卷显示各发票卷有关信息,只供浏览、选择,无法编辑数据。

(三)正常发票开具

企业使用发票填开功能,填开和打印各种发票,可以填开的发票种类包括增值税专用发票和增值税普通发票,这是整个开票子系统的核心功能。增值税专用发票与增值税普通发票开具方法相同,本实训软件以增值税专用发票为例介绍防伪税控系统增值税发票的填开方法。

注:开具发票时,开票人员应仔细核对确认窗口中的发票号码、发票种类与装入打印机中的发票号码、发票种类是否一致。防止电子发票号与纸制发票号不一致造成增值税专用发票的作废。

操作步骤如下。

第一步:单击"发票管理"→"专用发票填开"选项,系统弹出发票号码确认提示框。如图 2-2-11 所示。

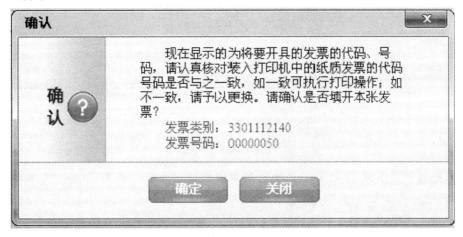

图 2-2-11　发票号码确认窗口

说明:

1.在填开各种发票时,系统自动根据所要开具的发票按顺序弹出同种类待开具发票号码确认窗口。

2.当系统具有多卷同种类发票时,默认按发票卷号顺序调用发票,即当前一卷发票开具完后,系统自动调出下一卷同种类发票进行填开。

第二步:单击如图 2-2-11 所示的发票填开号码确认窗口的"确定"按钮,系统弹出增值税"专用发票填开"窗口,如图 2-2-12 所示,该窗口的格式与实际票面格式基本相同。

注:发票填开界面由如下内容组成:

1.购货方(客户)信息区域:用于填写购货方有关信息,如购货单位名称、纳税人识别号、地址、电话、开户行及账号。

2.商品信息区域:用于填写所售商品详细信息以及清单和折扣等。

3.密码区:由发票代码、发票号码、开票日期、销货方纳税人识别号和购货方纳税人识别

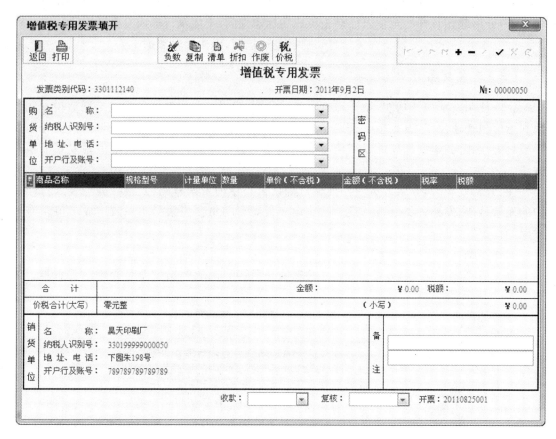

图 2-2-12　发票填开窗口

号、金额、税额数据组成,开票时经过加密产生密码区的 108 位密码(非新型金税卡升成 84 位密码,目前也有少部分地区使用增值税防伪开票系统开具密码区为二维码的增值税专用发票),在进行增值税专用发票认证时通过扫描密码区解密还原发票信息。

4. 销货方(本单位)信息、发票号码、开票日期信息皆由系统生成,无需用户填写。

5. 备注:可由开票方根据实际情况填写如收款方式、订单编号等信息,也可以根据企业实际需要进行适当填写。

6. 发票填开日期,根据金税卡时钟内时间自动读出。

7. 发票编码由发票代码和发票号码两部分组成。增值税专用发票 10 位代码,规则是第 1—4 位代表各地市,第 5—6 两位代表制版年度,第 7 位代表批次(分别用 1、2、3、4…表示),第 8 位代表版本的语言文字(分别用 1、2、3、4 代表中文、中英文、藏汉文、维汉文),第 9 位代表几联发票(分别用 4、7 表示四联、七联),第 10 位代表发票的金额版本号(分别用 1、2、3、4 表示万元版、十万元版、百万元版、千万元版,用"0"表示电脑发票)。

第三步:填写购方信息。方法如下:

1. 客户编码库中选取数据:首次填开专用发票时须录入购货方信息,开具发票成功后相应的购货方信息会保存在购货方信息库中,企业再次开具发票时可通过单击"名称"右侧按钮(见图 2-2-13),弹出"客户编码选择"窗口,如图 2-2-14 所示,双击所要开具发票的客户信息,则本条客户信息便写入发票界面的购方信息栏。

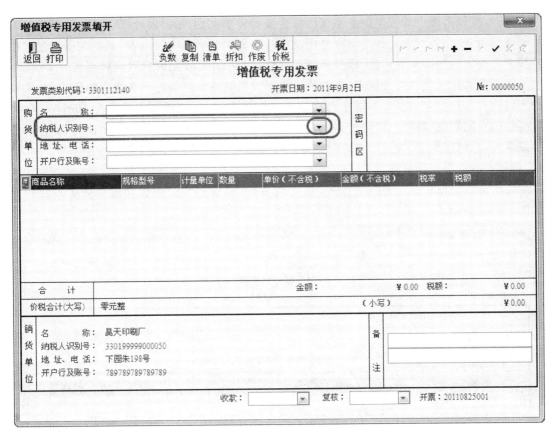

图 2-2-13　发票填开主局面

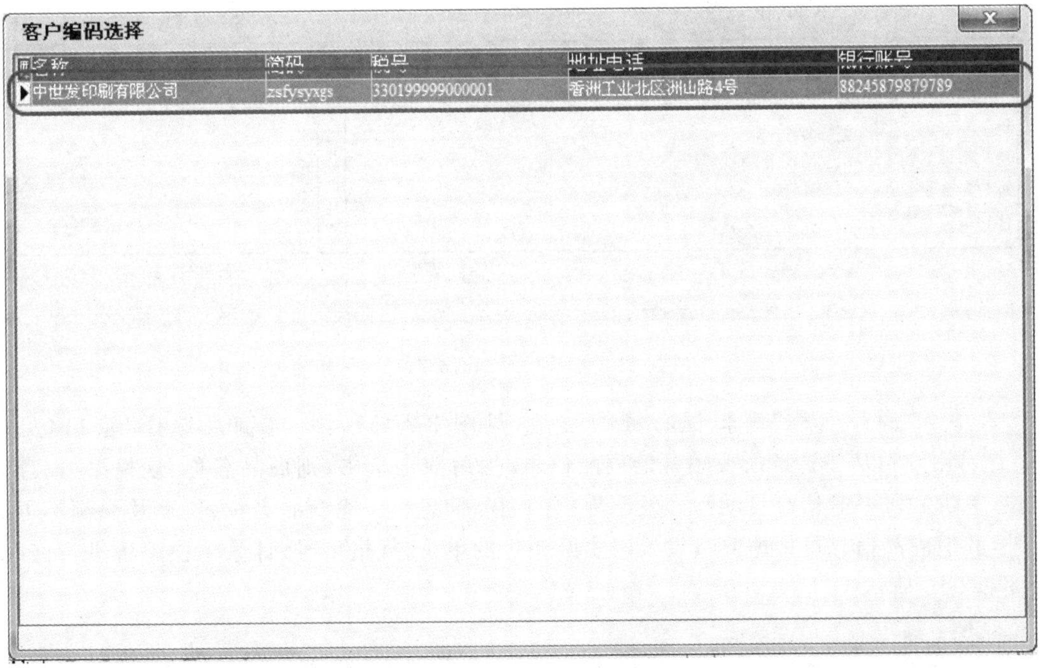

图 2-2-14　客户编码选择窗口

注:本实训系统中的客户信息系统已提前设置完毕,学生在实训过程中可彼此提供各自的销货方信息,作为对方开具增值税专用发票时购货单位信息填列内容,学生在模拟过程中可按此更换不同的购货方信息,模拟企业在开票过程中开具发票时获取购货信息的实践。

在企业实际开具发票过程中,若纳税人填开发票时的客户信息不在客户编码库中,则纳税人可以在客户信息的各文本框中直接输入相应信息,"名称"项最大长度为 50 个汉字,考虑到打印空间有限,最好不要超过 33 个汉字;"税号"可以为 15 位、17 位、18 位和 20 位的数字或字母,也可以为空;"地址、电话"与"开户行及账号"均可打印 50 个汉字。

第四步:填写商品信息。

1.单击编辑框右上角的"＋"按钮,新增商品行(相应的"－"按钮功能是减少商品行)。如图 2-2-15 所示。

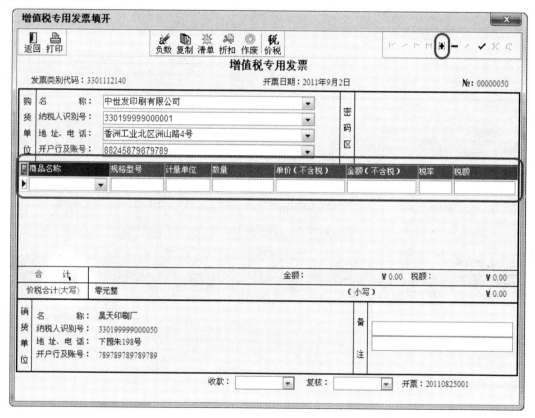

图 2-2-15　添加商品行

2.单击"商品名称"编辑框右侧的按钮(见图 2-2-15),弹出"商品选择"窗口(见图 2-2-16),用户可从中选取所要填开的商品信息,然后双击选中,则商品名称、规格型号、计量单位、单价和税率等信息自动写入发票界面的商品信息行。除商品名称、税率及税额不可更改外,其他商品信息可根据开具发票时实际销售的单价、规格型号、计量单位单价进行修改,如图 2-2-16 所示。

说明:

1.若实际销售的单价与商品库中保存的商品单价一致,则商品行中的"数量"和"金额"两项之一须由用户填写,若只填写一项,则另一项通过与"单价"的计算自动得出;若两项都

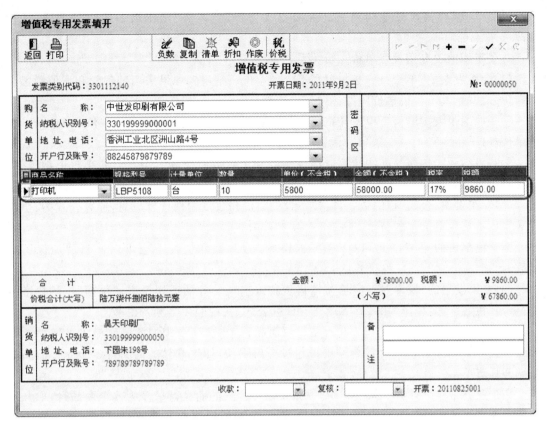

图 2-2-16　添加商品名称

编码	名称	商品科目	税率	规格型号	计量单位	单价	含税价标志
000000	打印机	1309	17%	ht8000	件	1000	否
000005	打印机	509	17%	LBP2900	台	2850	否
000006	打印机	509	17%	LBP3000	台	4320	否
000007	打印机	509	17%	LBP3018	台	3800	否
000008	打印机	509	17%	LBP6200	台	4500	否
000009	打印机	509	17%	LBP7200	台	4760	否
000010	打印机	509	17%	LBP3310	台	4600	否
000011	打印机	509	17%	LBP3250	台	4700	否
000012	打印机	509	17%	LBP6300	台	3200	否
000013	打印机	509	17%	LBP5108	台	5800	否
000014	打印机	509	17%	Epson LQ-680k	台	5800	否
000001	软盘	901	17%	5#	盒	10	否
000015	打印机	509	17%	Epson LQ-590k	台	6400	否
000016	打印机	509	17%	Epson LQ-300k	台	5490	否
000017	打印机	509	17%	LBP6650	台	5100	否
000018	打印机	509	17%	Hp1000	台	3300	否
000019	打印机	509	17%	Hp1010	台	3500	否
000020	打印机	509	17%	Hp1012	台	3450	否
000021	打印机	509	17%	Hp1020	台	3600	否
000022	打印机	509	17%	LBP3095	台	3600	否
000023	打印机	509	17%	Hp1022	台	3950	否
000024	打印机	509	17%	LBP6108	台	3600	否
000002	打印纸	509	17%	窄行	箱	50	否

图 2-2-17　选择商品信息

填写,则"单价"项将通过这两项的计算而自动得出。"税额"项则由系统自动算出,无法修改。

2.关于增值税专用发票单价逻辑关系。

(1)专用发票的"单价"栏,必须填写不含税单价。纳税人如果采用销售额和增值税额合并定价方法的,其不含税单价应按下列公式计算:

①一般纳税人按增值税税率计算应纳税额的,不含税单价计算公式为:不含税单价=含税单价/(1+税率)。

②一般纳税人按简易办法计算应纳税额的和由税务所代开专用发票的小规模纳税人,不含税单价计算公式为:不含税单价=含税单价/(1+征收率)。

(2)专用发票"金额"栏的数字,应按不含税单价和数量相乘计算填写,计算公式为:金额栏数字=不含税单价×数量。

不含税单价的尾数,"元"以下一般保留到"分",特殊情况下也可以适当增加保留的位数。

(3)专用发票的"税率"栏,应填写销售货物或应税劳务的适用税率,"税额"栏的数字应按"金额"栏数字和"税率"相乘计算填写。计算公式为:税额=金额×税率。

3.使用工具条中的增加"+"或删除"-"商品行,本实训系统如此操作最多可增加6个商品行且6个商品行价税合计金额不得超过开票限额,如果开具的商品行多于6种商品时则需开具清单。

在企业日常实际开具发票过程中,一张发票可开具的商品行最多为8个商品行,如开具发票明细多于8个商品行时则需开具清单,开票金额根据税控系统发行时载入到金税卡和IC卡的限额为准,如开票限额变更则以变更后的信息为准。

注:本实训软件的商品信息已经提前设置完毕,学员在实训过程中只需选择即可,企业实际日常开具发票过程中,若纳税人填开发票时的商品信息不在商品编码库中,则纳税人可以在商品编码中录入,填开发票时,"商品信息"只能从该商品编码库中选取。

第五步:销货方信息。

销货方信息中企业名称、纳税人识别号和地址、电话等信息均由系统从金税卡和系统参数设置中的企业税务信息中提取,开票时不能修改。如图2-2-18所示。

第六步:打印发票。

当发票填写完毕且检查无误时,单击工具条上的"打印"按钮,则系统首先将所开发票信息记入金税卡与开票子系统数据库,随后弹出"发票打印"对话框,此时,可以设置纸张打印边距、预览打印效果、实施打印,也可以取消打印(待以后发票查询时打印)。

发票开具信息核对无误后,采用针式打印机将发票全部联次一次性打印出来,在增值税专用发票的抵扣联及发票联加盖销货单位的增值税发票专用章,将发票及时送交购货单位,防止滞留票的产生。如果发票开具过程有误,可通过"发票作废"功能对开具有误的发票当月及时进行作废处理。此时,在纸质发票全部联次加盖"作废"标志的同时,也要将系统中发票的电子信息作废。

注意:

1.所填开的发票一经打印就会记入金税卡,无法修改。因此,在填开之初应仔细核对系统给出的发票类别和号码与即将打印纸质发票是否完全一致;在填写数据时应尽量避免错

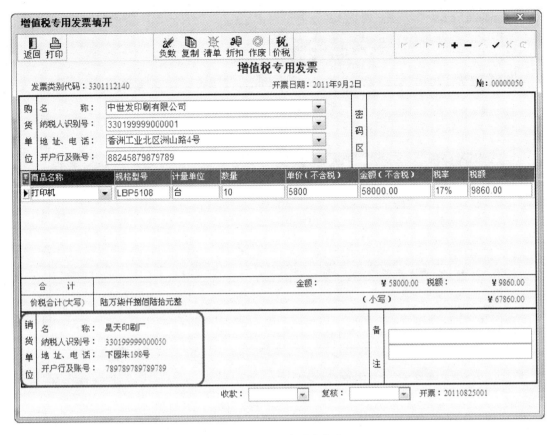

图 2-2-18　销货单位信息

误。若出现错误,应及时将发票作废,重新填开。

2.在发票填开时,只打印发票,不打印清单。如果所开具的发票涉及清单打印,可在"发票查询"中的"选择发票号码"窗口来打印"销货清单"。

3.当连续填开发票时,上一张发票的购方信息便自动传给下一张发票。开票人员可对自动传递下来的购货方信息进行修改。

4.专用发票应按下列要求开具:

(1)项目齐全,与实际交易相符;

(2)字迹清楚,不得压线、错格;

(3)发票联和抵扣联加盖财务专用章或者发票专用章;

(4)按照增值税纳税义务的发生时间开具。

对不符合上列要求的专用发票,购买方有权拒收。

说明:

1.发票填开界面工具条上的"蓝色税字"按钮是"含税价"和"不含税价"的状态切换按钮,初始系统默认发票上商品行的"单价"、"金额"与"合计金额"值都显示为不含税(见图 2-2-19);单击该按钮,则显示为含税价状态(见发票上单价和金额栏上的标识提示,见图 2-2-20)。

2.用户一般在单价栏中输入含税价。为避免不含税价与含税价转换产生的误差,系统

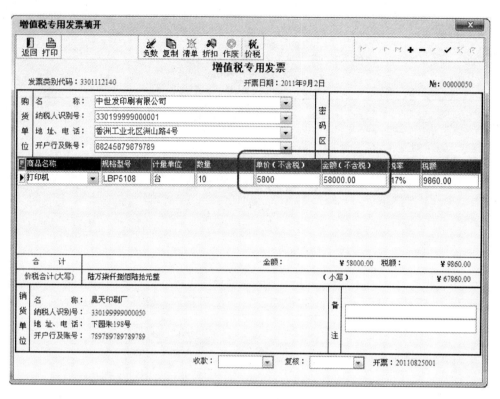

图 2-2-19　不含税单价

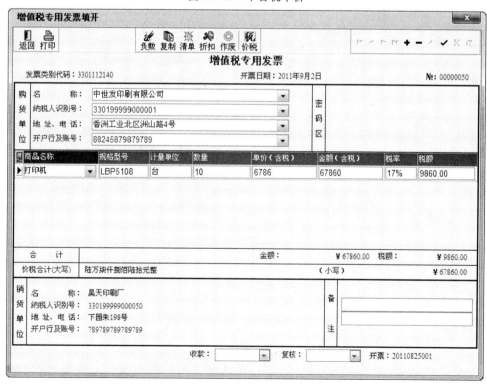

图 2-2-20　含税单价

禁止发票价税状态切换按钮的使用。

(四)折扣及清单发票开具

1.折扣发票开具

纳税人采取折扣方式销售货物,如果销售额和折扣额在同一张发票上分别注明,可按折扣后的销售额征收增值税。纳税人采取折扣方式销售货物,销售额和折扣额在同一张发票上分别注明,是指销售额和折扣额在同一张发票上的"金额"栏分别注明,可按折扣后的销售额征收增值税。未在同一张发票"金额"栏注明折扣额,而仅在发票的"备注"栏注明折扣额的,折扣额不得从销售额中减除。见国税发〔1993〕154号关于印发《增值税若干具体问题的规定》的通知。

当企业在业务上需要及时融资或因产品质量等问题要对所销货物进行折扣处理时,就要用到折扣功能开具带折扣的专用发票。

第一步:利用上述"发票开具"中填开商品信息的方法添加若干商品行后,首先选中欲加折扣的某个商品行或多行商品行的最后一行(见图2-2-21),然后单击工具条上的"折扣"按钮(若本商品行处于编辑状态或不允许加折扣则该按钮被禁用)。

图 2-2-21 折扣填开主页面

第二步:弹出"折扣"对话框(见图2-2-22),在此窗口的折扣行数框中填写从当前选中行向上几行(含本行)商品需要统一加折扣,然后在折扣率或折扣金额处输入所要折扣的数值,

图 2-2-22　商品加折扣对话框

确认后即可针对一行或多行商品加折扣。添加折扣后,票面上显示的总金额及总税额都是扣除折扣的金额与税额。

例如,在折扣行数处输入"3",则代表从当前选中行向上的 3 行商品(含本行)都按本折扣率(3%)或折扣金额进行折扣(见图 2-2-23)。

第三步:确认开具发票信息无误后,将开具成功的发票打印出来。

说明:

(1)当某一行商品加折扣之后,便不允许修改。若需要修改,应先将折扣行删除(见图2-2-24),待修改完毕再加折扣。商品行与它的折扣行之间不允许插入其他记录。

(2)可对单一商品行分别加折扣,也可以对多行商品统一加折扣。

(3)如果是对多行商品统一加折扣,商品名称处将标识统一加折扣的行数,折扣行也算在开具商品总行数之内。

(4)开具折扣发票的票面信息由商品行及折扣行组成。

2.销货清单发票开具

在填开发票时,当客户所购商品的种类或项目较多,在一张发票上填写不下时,可利用系统提供的销货清单的功能来开具带销货清单的发票。开具销货清单时,在销货清单上填写商品的明细数据,系统会自动算出清单中商品的合计金额和合计税额,并将其自动填入发票票面的行中,称为"清单行"。

第一步:进入发票填开界面后,直接单击工具条上的"清单"按钮,如图 2-2-25 所示。

第二步:系统弹出"销货清单填开"窗口,如图 2-2-26 所示,在此窗口中添加商品销货信息。

第三步:将清单填开商品信息填写完毕,单击"√"保存已开具的发票清单,返回发票填开界面。此时,商品名称中提示"详见销货清单",所有栏目则不允许修改(见图 2-2-27)。

图 2-2-23　带折扣的增值税专用发票票面信息

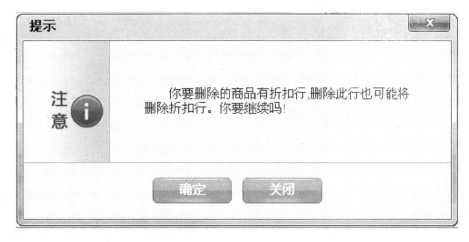

图 2-2-24　删除进行折扣处理的商品行提示对话框

说明：

(1)每一张发票只允许填写一张销货清单(对开具销货清单的商品行数没有限制,但所有商品的价税合计金额不得超过系统核定的最高开票限额)。

(2)发票上只有一条"详见销货清单"的记录,显示清单中所有商品的合计金额和税额,可以利用销货清单填开窗口工具条上的"折扣"按钮对清单中单行加折扣,也可以对清单中连续

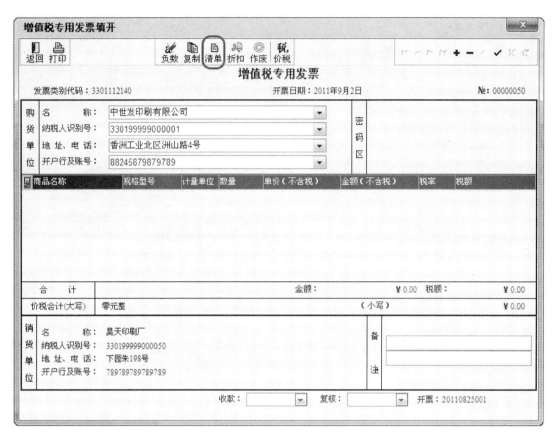

图 2-2-25　发票填开窗口

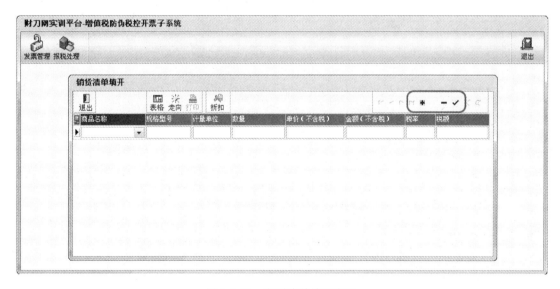

图 2-2-26　发票清单填开窗口

的多行商品统一加折扣。票面只有"详见销货清单"及"折扣"行，没有其他商品行(见图2-2-28)。

　　(3)销货清单中的计价原理与发票票面的计价原理完全相同，即单行商品金额、税额的算法，合计金额、合计税额的算法，以及精确计位方法均与发票票面中的规则相同。

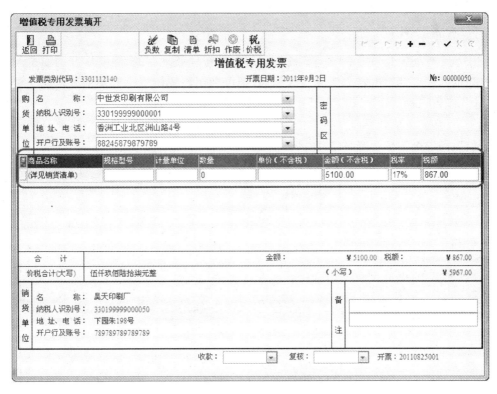

图 2-2-27 清单开具后发票窗口 1

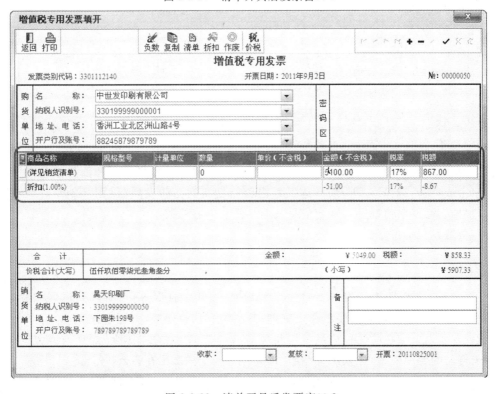

图 2-2-28 清单开具后发票窗口 2

43

(五)发票复制

发票填开界面工具条上的"复制"按钮是用来进行发票复制的,当要填开的发票与以前曾经开过的同种类发票内容全部或部分相同,则可利用该按钮将原有发票数据复制到本张发票,这样既可以提高速度又避免了重复劳动。其具体操作方法如下。

第一步:在发票填开界面直接单击"复制"按钮,便弹出"发票复制"窗口,窗口中只显示和待开发票同种类的已开发票,如图 2-2-29 所示。

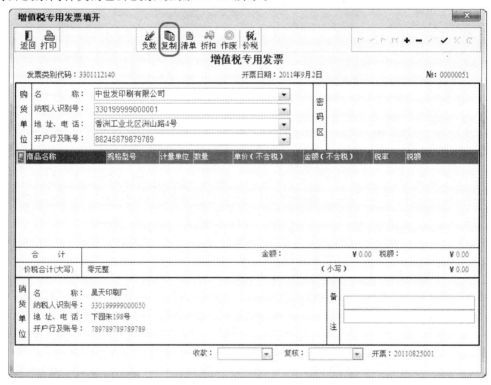

图 2-2-29　复制发票页面

第二步:在此窗口上选中所要复制的发票,如果发票上的客户信息和商品信息需要全部复制,双击或单击"选择"按钮,则所选发票内容便复制到当前发票(见图 2-2-30);到发票开具窗口根据实际开票情况进行客户信息及商品信息内容修改。

注:负数发票不可复制。

(六)发票作废

一般纳税人在开具专用发票当月发生销货退回、开票有误等情形,收到退回的发票联、抵扣联,符合作废条件的进行发票作废处理;开具时发现有误的,可即时作废。

作废专用发票须在防伪税控系统中将相对应的数据电文按"作废"处理,在纸质专用发票(含未打印的专用发票)各联次上注明"作废"字样,全联次留存。

国税发〔2006〕156 号关于修订《增值税专用发票使用规定》的通知。

发票作废的主要功能:当企业所开发票有误或者由于商品质量等问题购方退货时,若该

图 2-2-30　发票复制窗口

发票未抄税,则可利用该功能作废该张发票的电子信息。

发票作废的操作步骤:

第一步:单击"发票管理"→"发票作废"选项,系统弹出"选择发票号码作废"窗口,如图2-2-31所示。在此窗口中选中要作废的发票号码,双击或单击其下端的"查看明细"按钮,查看发票票面详细信息。

第二步:在"选择发票号码"窗口,若确定作废已查询的发票,单击窗口下端的"作废"按钮,系统弹出是否确认作废的提示框(见图 2-2-32),单击"确定"按钮确定作废。

第三步:作废成功后会弹出如图 2-2-33 所示的提示信息,单击"确定"按钮即可结束作废发票操作。

说明:

1.已经抄税成功的发票不能作废,只能填开负数发票冲销。

2.发票作废状态将记入金税卡,无法恢复到作废前的状态,因此要慎重使用本功能。

3.对已开发票进行作废时,通常情况下要遵守"谁开具、谁作废"的原则,只有以管理员身份进入系统后才可以作废其他操作员开具的发票。

4.同时符合以下条件的发票应当作废:

(1)收到退回的发票联、抵扣联的时间未超过销售方开票当月;

(2)销售方未抄税并且未记账(抄税是指报税前用 IC 卡或者 IC 卡和软盘抄取开票数据电文);

(3)购买方未认证或认证结果为"纳税人识别号认证不符"、"专用发票代码、号码认证不符"。

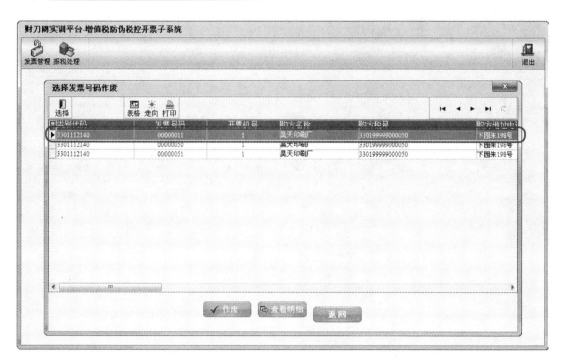

图 2-2-31　已开发票作废窗口

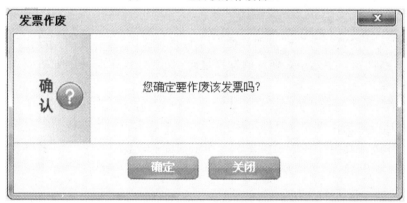

图 2-2-32　发票作废确认窗口

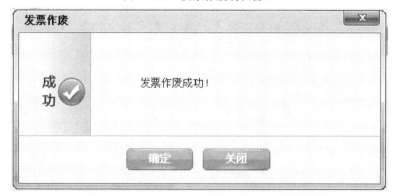

图 2-2-33　发票作废成功提示信息窗口

注:在实际应用中,针对尚未使用的纸质发票遗失或损毁时,可通过发票作废功能对记录在金税卡中的相应发票号进行作废处理。

(七)负数发票开具

增值税一般纳税人取得专用发票后,发生销货退回、开票有误等情形但不符合作废条件的,或者因销货部分退回及发生销售折让的,则不能作废,必须利用该功能开具负数发票进行冲销。

填开负数专用发票操作步骤如下。

第一步:打开专用发票填开界面,选择"负数"选项,如图 2-2-34 所示。

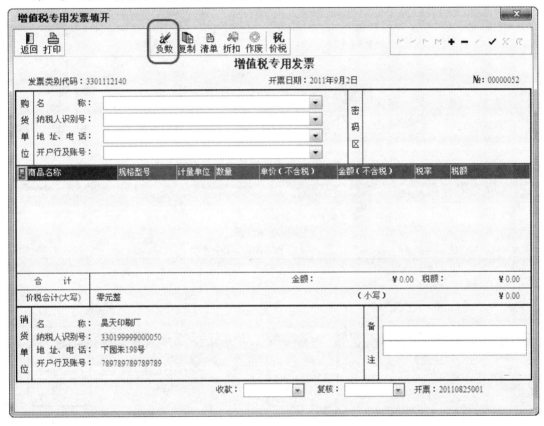

图 2-2-34　发票填开主页面

第二步:系统会弹出"销项正数发票代码号码填写、确认"窗口,如图 2-2-35 所示。

第三步:在窗口中正确输入两遍发票代码及发票号码,若发票代码及发票号码正确且两遍输入号码相同则点"下一步"按钮,系统能够从发票库中查找到对应正数发票信息,然后进入负数发票填开界面并自动调出票面信息,如图 2-2-36 所示。

第四步:确认发票填开界面上的所有信息正确后,单击"打印"按钮开具红字专用发票。

图 2-2-35　销项正数发票代码号码填写、确认窗口

图 2-2-36　负数发票填开界面

注：

1.应事先确定要开具红字的发票对应的蓝字发票代码及发票号码。

2.负数发票金额可修改，但不得高于原金额。数量的输入应取负值，单价为正，系统在备注栏自动填入对应的正数发票的号码及代码，填开完毕直接打印。

3.负数发票备注中显示对应蓝字发票代码及发票号码。

4.负数发票不能附带清单，不能加折扣。如果负数发票对应的正数发票带有清单，则负数发票的商品名称栏中的内容为"详见对应发票清单"。

5.一张负数发票可分多次红冲，但所开的全部金额不能超过与之对应的正数发票的全部金额。

6.负数发票在金税卡中并不记录购货方税号，其购货方税号被相应的正数发票的号码及代码取代，当查看一张负数发票的明细时，系统根据所记录的正数发票的代码及号码得到购方信息填入查询界面。

在企业实际工作中，如涉及负数发票开具，应有销货方或购货方向主管税务机关说明开具负数发票原因并在开票系统中提交与所要开具负数发票相对应的"开具红字发票申请单"，在得到税务机关的"开具红字发票通知单"后，销货方输入"通知单编号"才能进入负数发票填开页面开具负数发票，通知单与发票一一对应，超过认证期增值税专用发票，不能开具红字发票。

（八）发票查询及打印

发票查询的主要功能是用来按月查询所开的发票及其清单的内容，并可以进行已开具发票打印。

小建议：开具发票时可能由于移动针式打印机或其他原因导致打印的增值税专用发票格式发生变化，开具电子发票生成的密文不在纸质发票密文区内，使受票人收到发票后不能进行正常的认证抵扣，出现增值税专用发票作废或要开具负数发票的情况。为避免类似情况产生，确定开票信息填写完整的情况下，可以用一张与增值税专用发票大小一样的空白纸张，进行发票打印，将空白纸打印的发票信息与正式的专用发票格式核对无误后，可利用"发票查询"功能将利用税控系统开具的发票信息打印到相应纸质发票上。

发票查询的操作步骤如下。

第一步：单击"发票管理"→"发票查询"选项，弹出"发票查询"窗口，如图 2-2-37 所示，选择需要查询发票的所属月份。

第二步：单击"确认"按钮后，弹出"选择发票号码查询"窗口，如图 2-2-38 所示。

注：

1.发票查询在正常处理状态下是查询当前库的数据，在备份查询状态下是查询备份库的数据。它可以查询某月所开的发票列表，也可以查询明细，在查询过程中任何数据都不能修改。

2.在发票查询功能中可以打印发票或清单（本实训开票系统暂不支持发票清单打印）。

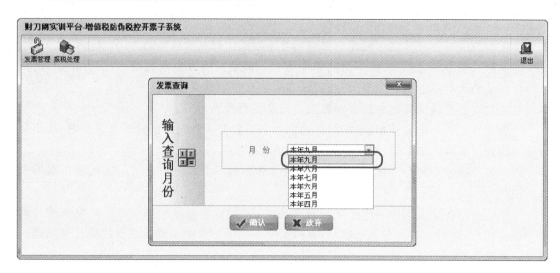

图 2-2-37　发票查询——选择发票月份窗口

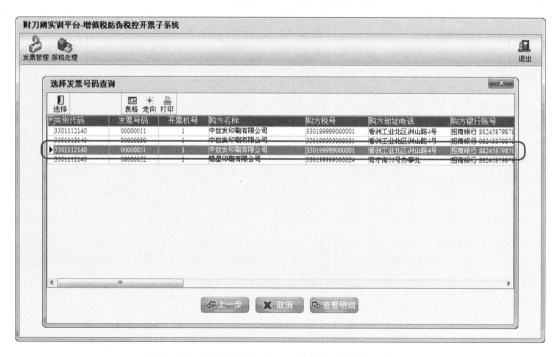

图 2-2-38　已开发票查询——选择发票号码查询窗口

四、报税处理

(一)抄税处理

抄税处理的主要功能:进行征期抄税和随时抄税。抄税处理可将金税卡中本期或上期的各种发票明细与统计数据抄到本机税控 IC 卡上,为报税子系统提供报税的电子数据。该功能每月只能执行一次,当月金税卡中的税额成功写入了 IC 卡后,不能再次抄税。

征期抄税:必须在征期首次进入系统时执行本功能,即将开票资料抄税写入税控 IC 卡,否则发票填开功能被禁用。抄税后必须在锁死期内报税,逾期不报则系统会自动锁死,直到报税成功并将成功标志返回开票系统后才能解锁。

随时抄税:又称非征期抄税,主要是为解决开票量大的企业金税卡和税控 IC 卡存储空间有限的问题,当企业开票量达到一定值,存储空间已满时,系统会提示"发票明细区满抄税提示",此时企业只要对这部分发票抄税后,就可以继续开具发票,抄税后可以随时到税务机关进行当月报税。但对于开票量不是很大的用户,完全没有必要使用此功能,只需要在征期抄一次税即可,以免增加企业和税务机关的负担。

征期抄税和随时抄税操作方法完全相同,正常抄税的情况下,都是利用抄税处理功能抄"本期资料",系统会自动区分是征期抄税还是随时抄税,并在选择抄税期提示信息中加以区分。

注:抄本期资料前,必须确保上期报税成功,并且 IC 卡上无购票或退票信息。

抄税处理的操作步骤如下。

第一步:单击如图 2-2-39 所示的"报税处理"→"抄税处理"选项,系统判断是征期抄税还是随时抄税,并在提示信息中加以区分。

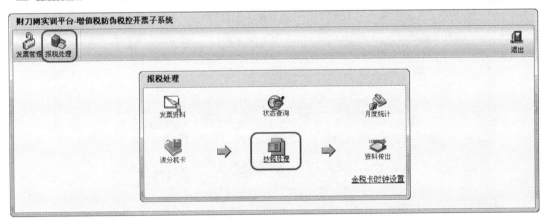

图 2-2-39　抄税处理页面

第二步:

1. 出现如图 2-2-40 所示提示,"确定"后本期征期抄税成功。

在完成征期抄税成功后应及时携带相关资料及 IC 卡到税务机关(老师)办理报税工作。若在税务机关已报税成功,但开票系统未读入成功标志,则系统会认为上期税没有报成功,此时必须重新进入系统自动读入报税成功标志,才可以继续抄税。若卡上有上期的报税资料,则必须先去税局进行报税,并在开票系统读入报税成功标志,才可以抄税。

2. 出现如图 2-2-41 所示提示,"确定"后非征期抄税成功。

3. 系统不允许非征期零抄税,即不允许在当期没有开具发票的情况下进行非征期抄税。如图 2-2-42 所示。

说明:

(1)每到抄税期即每月 1 日,系统必须执行抄税,每个月初抄税后才能继续开票,否则无

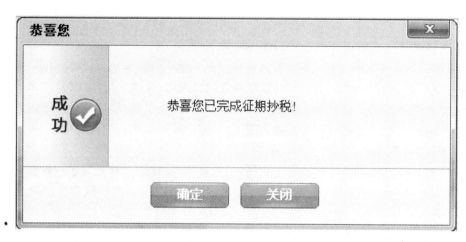

图 2-2-40　征期抄税成功

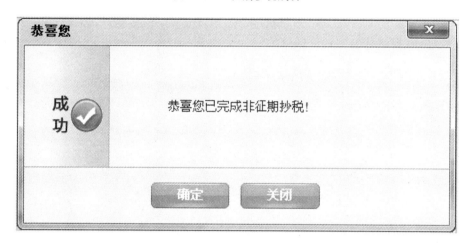

图 2-2-41　非征期抄税成功

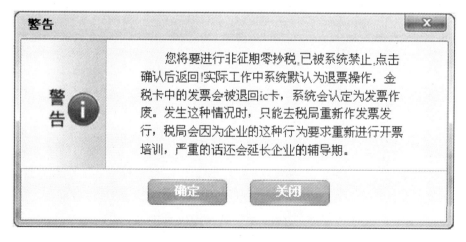

图 2-2-42　非征期零抄税

法开票。每月 1 日到企业抄税之间这段时间叫抄税期。

　　(2)每月 15 日 24:00 前必须报税,否则金税卡被锁死,无法做任何操作,只有到税务机关报税后重新进入系统,才能继续开具发票。企业抄完税至每月 15 日 24:00 间这段时间称为报税期。每月 15 日 24:00 开始往后如果还未报税这段时间叫锁死期。

(3)系统在锁死期不能进行除抄税外的任何有关发票管理、金税卡授权的操作。解除锁死状态的唯一办法就是到税务机关报税,报税成功后会在企业税控 IC 卡上写入报税成功标志,开票系统读到报税标志后就会自动解锁。

(4)如果遇到节假日需要延长锁死期限时,也是由税务机关在税务端系统中进行相应的设置,并且在节假日之前的报税期企业报税成功时,写入报税成功标志的同时写入新的锁死期限天数,开票系统读到这个新的锁死期后就会生效。

(5)当月没有开票在征期也要进行抄、报税。

(6)正常抄税默认是"本期资料"。

(7)切勿在抄税过程中关机或断电,注意电源的稳定。

(8)抄本期资料时,若税控 IC 卡中有发票卷信息,则抄税不成功。只有对税控 IC 卡中这些发票做相应的处理,使得税控 IC 卡中无发票资料,才可以抄税,即:若税控 IC 卡中有新购的发票,必须先读入发票,再进行抄税。若税控 IC 卡中有退回的发票,必须先退回发票,再进行抄税。

(9)本实训软件采用的金税卡在发行时已经设置为一个月内可进行抄本期税额的次数限定为 3 次(含 1 次征期抄报税)。若未到征期就已经抄满上述要求的抄税次数,系统将不允许再抄税(图 2-2-43),只有等到征期才可以进行抄税。

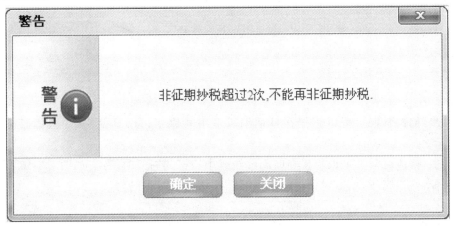

图 2-2-43 非征期抄税警告

企业在实际应用防伪税控系统开具增值税发票时,根据企业所用金税卡在发行时的设置,对非新型金税卡,一个月内可进行抄本期税额的次数限定为 3 次或 7 次(含 1 次征期);新型金税卡,一个月内可进行抄本期税额的次数限定为 40 次(含 1 次征期)。实际工作中企业在抄税时应先选择抄"本期资料"或"上期资料",然后单击"确定"完成 IC 卡抄税工作。"本期资料"是指上次抄税后已开具但未抄过税的资料,在对其进行抄税时选择"本期资料"。除抄"本期资料"外,还可以选择"上期资料"重复抄旧税。例如,本期税额已抄入税控 IC 卡,到税务机关报税时,发现税控 IC 卡损坏无法报税,此时可以更换一张新卡到开票子系统中执行"抄税处理"中的抄"上期资料",可以将已结转的税额重新抄入 IC 卡中,再到报税系统进行报税即可。

（二）金税卡时钟设置

金税卡时钟设置的主要功能是用于修改金税卡的时钟。企业在执行此功能前，必须先持 IC 卡到税务部门获得修改金税卡时钟"授权"，才能执行该功能，取得修改时钟的授权后只可使用一次，若需要再次修改时钟应再次申请授权。

操作步骤如下。

第一步：单击"报税处理"→"金税卡时钟设置"项，弹出"金税卡时钟设置"对话框，如图2-2-44所示。

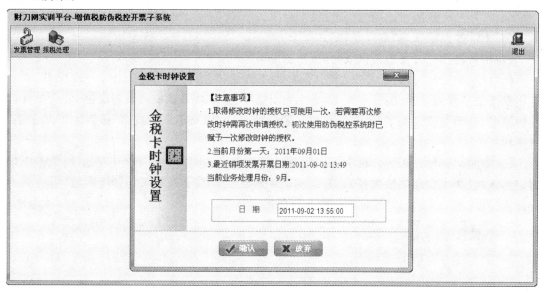

图 2-2-44　金税卡时钟设置对话框

第二步：修改日期。可以直接在日期编辑框中修改年、月、日值，从中选择日期。如图2-2-45所示。

第三步：修改时间。可以直接在时间编辑框中按格式写入时、分。如图 2-2-46 所示。

第四步：修改完毕，单击对话框中的"确认"按钮完成时钟的修改。

注：

1. 不得随意修改金税卡时钟，否则容易造成硬盘数据库中的数据不准确。

2. 系统对金税卡日期的修改范围有一定的限制，即只允许在当前账务月份和下一月这两个月之内选择日期。

3. 在本实训软件中，在取得金税卡修改时间授权情况下，修改新的金税卡日期不能早于当前卡内时间。如现在是 2011 年 3 月 24 日，经过授权修改后，改为 2011 年 4 月 2 日，那么再次授权后，修改的日期范围应为 4 月 3 日到 5 月 31 日，这样规定是为了尽可能让学员真实模拟到实际工作中发生的经济业务，同时避免因修改金税卡时间导致报税资料混乱。

4. 若金税卡处于锁死期，则不能进行时钟修改操作。

5. 对金税卡时钟的修改不影响计算机自身的时钟。

6. 在日常经营活动中一般只有当金税卡时钟与当地标准时间差异较大或企业申请废业进行最后一次抄报税工作时才使用金税卡时钟设置功能。

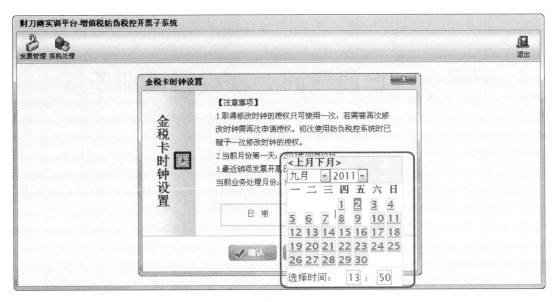

图 2-2-45　金税卡日期设置对话框

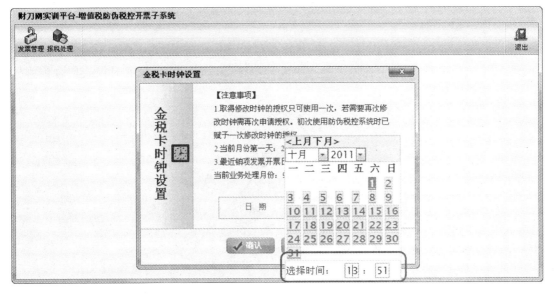

图 2-2-46　金税卡时间设置对话框

第三章　增值税网上抄报税实训系统

第一节　网上抄报税基本原理

一、网上抄报税概念

网上抄报税就是指纳入防伪税控管理的增值税一般纳税人将防伪税控开票子系统中所开具的销项发票数据从金税卡抄到税控 IC 卡中,将抄有销项发票数据的税控 IC 卡利用公用网络向主管税务机关进行数据报送,并根据税局报税结果生成的清卡指令完成税控 IC 卡清卡的整个过程。

网上抄报税通常可以分成三个步骤,依次为抄税、报税、清卡,其中抄税是在防伪税控开票子系统中进行,报税和清卡在网上抄报税软件中进行,而抄税、报税有时候我们合称为抄报。具体流程如图 3-1-1 所示。

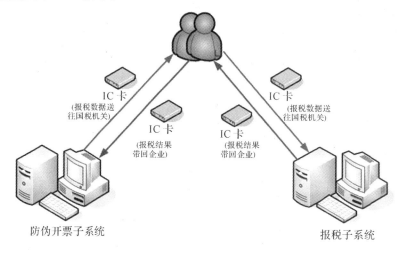

图 3-1-1　网上抄报税流程

二、网上抄报特点

网上抄报特点如下:
(1)方便:一键式抄税,一键式清卡,远程处理,方便快捷;
(2)高效:快速完成抄税、清卡工作;

(3)自主:随时、随地进行抄税或清卡;

(4)安全:通过国家信息安全测评中心测评,数据加密传输,具有极高的安全性。

三、报税系统操作流程

1.税控机抄税:先在防伪税控开票系统把开票数据抄入 IC 卡。

2.网上抄税:IC 卡芯片朝上插入专用读卡器中,单击"网上抄税"按钮。

3.申报缴税:单击本软件提供的网上办税大厅链接进行申报、缴款。

4.网上清卡:单击"清卡"按钮进行清卡。

四、防伪税控开票子系统相关设备介绍

1.金税卡

金税卡是指插入计算机内的一块智能 PCI 卡,是防伪系统开票子系统的核心,如图 3-1-2所示。其主要功能有:加密解密功能部件能将发票上的 7 个重要数据(发票代码、发票号码、开票日期、付款方税号、金额、税额、收款方税号)加密生成 84 位、108 位或二维码的电子密码;同时,金税卡上集成税控黑匣子,税控黑匣子中含有大容量的存储器,企业开具的发票数据被逐票存储于存储器中;而且金税卡中具备独立的时钟机制,不受操作系统时间控制。

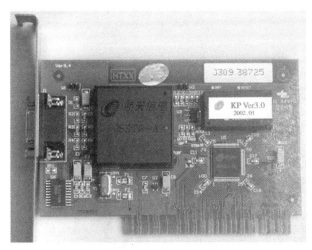

图 3-1-2　金税卡

2.税控 IC 卡

税控 IC 卡是企业与国税之间数据传递的载体或介质,如图 3-1-3 所示。比如购买发票、抄税报税,都须通过税控 IC 卡的传递。另外,在进入开票子系统时,必须插入本单位税控 IC 卡。若不插或错插,则不会进入开票子系统。

税控 IC 卡的作用如下。

(1)作为防伪税控开票子系统的登录密钥,发行时税控 IC 卡跟金税卡一一绑定,纳税人只有插入金税卡对应的 IC 卡才能够进入防伪开票子系统进行开票操作。在一定程度上保证了开票系统的安全性。

(2)作为抄税、购票、获取金税卡时间授权的载体,每月报税时把开票信息抄取存储到 IC

图 3-1-3　税控 IC 卡

卡上,再持 IC 卡到税务局报税、清卡;用户可以持 IC 卡购买发票,发票段信息先存储到 IC 卡上,插回开票系统后再读入金税卡中。对于注销的企业,事先要通过 IC 卡去税局大厅获取金税卡时间修改权限,再插回至开票系统进行金税卡时钟的设定。

　　说明:税控 IC 卡特指防伪税控系统中一般纳税人企业用于开票和报税的智能 IC 卡。该 IC 卡按容量可分为 2K(S 卡,主要是早期 DOS 版本开票系统中用于存放发票汇总数,而发票明细数是通过软盘介质来存放)、32K(L 卡,大容量卡,最多可以存放 630 张发票)、64K(H 卡,高容量卡,最多可以存放 1350 张发票)。

　　3.税控读卡器

　　税控读卡器是用于连接金税卡与税控 IC 卡的设备,如图 3-1-4 所示。

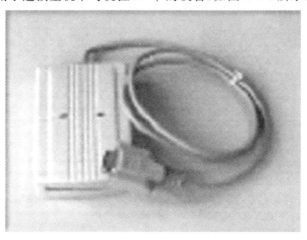

图 3-1-4　税控读卡器

五、常规报税和非常规报税

　　常规报税是指所辖防伪税控企业到主管税务机关通过税控 IC 卡载体进行报税,网上抄报税属于常规报税。

　　非常规报税是指所辖防伪税控企业到主管税务机关报税,不能进行 IC 常规报税的,根据情况选择非常规报税中的某一具体业务类型进行操作。

(1)磁盘介质补报:是指主管税务机关在申报期内接收从企业开票子系统生成的企业补报软盘数据。其主要是指企业由于金税卡被盗、损坏等原因无法使用税控 IC 卡抄取金税卡中的报税数据,只能从开票子系统硬盘数据库中获得报税数据,并形成报税软盘,主管税务机关报税岗位的操作员使用该功能接收企业的报税数据。

(2)存根联补录报税:主要针对企业的金税卡或硬盘数据库损坏或丢失,无法在防伪税控开票子系统中通过金税卡或硬盘数据库得到企业报税数据,此时企业需持已经开具发票的存根联到开票子系统进行存根联数据补录,系统将补录结果保存在数据库服务器中。报税岗操作员执行该功能后,系统自动从数据库服务器中得到企业的报税数据。

(3)注销一般纳税人资格企业报税:注销一般纳税人资格企业是指主管税务机关接收防伪税控企业中已经被注销企业报送的当月报税数据。

(4)逾期报税:是指主管税务机关在征期内接收企业隔月/跨月的报税数据。

六、系统登录

增值税发票网上抄报税系统登录页面如图 3-1-5 所示。

图 3-1-5　网上抄报税系统登录

用户登录需要填写的信息如下:

(1)学校编码:与所在学校管理员一致;

(2)学号:老师根据学生信息注册成功学号,每个学号具有唯一性;

(3)密码:系统默认 123456;

(4)校验码:根据系统提示。

注:网上申报系统提供了修改密码功能,学生使用注册成功的学号及密码进入到网上抄报税系统后可根据个人喜好进行密码修改(见图 3-1-6)。

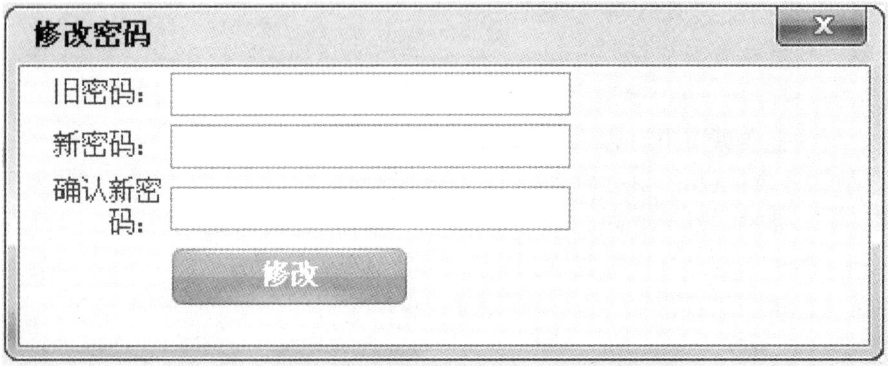

图 3-1-6 学员登录网上抄报税系统修改密码的页面

第二节　业务操作

网上抄报税的抄报内容主要是指防伪税控开票子系统中所开具的销项发票数据,包括发票存根联明细数据、发票领、用、存数据和明细发票汇总数据。

网上抄税分为征期抄税和非征期抄税两种方式。这两种方式在操作上基本相同,都是先进行抄税,再进行清卡。但非征期抄税需要特别注意:

(1)非征期抄税完成后,就要立即进行清卡;

(2)非征期抄税、清卡完成后,在每月的征期还要进行征期抄税。

一、抄税、报税概述

(一)征期抄税与非征期抄税

(1)IC卡征期抄税:在抄税期内(一般来说是征期内)把防伪税控开票子系统中所属会计月份为上月的已开未报的销项发票数据(发票存根联明细数据、发票明细汇总数据、发票领用存信息)抄到 IC 卡的过程;一旦到了征期,如果不进行抄税,开票子系统将不能继续开票。

(2)IC卡非征期抄税:任何时间把防伪税控开票子系统中所属会计月份为当月的已开未报的销项发票数据(发票明细数)抄到 IC 卡中的过程。一般来说,当月开票数量超过 IC 卡容量时,开票子系统会提示要先进行抄税,否则不能继续开票。

不管征期抄税还是非征期抄税,首先要确保在抄税之前 IC 卡为空,其次确保上期报税业务已完成。防伪税控开票子系统抄税时提示"上期业务未完成"的原因有:

①该 IC 卡虽已进行了抄报,但尚未清卡;

②该 IC 卡虽进行了清卡,但报税成功标志尚未读到金税卡中;

③该 IC 卡存在发票领用存数据,没有及时读入到金税卡中。

非征期抄税每个月允许抄多次(一般来说不得超过 7 次,具体由当地税务机关来限制),而不管之前是否进行过非征期抄税,征期抄税每个月只需抄一次且只能抄一次。

（二）征期报税与非征期报税

（1）征期报税：一般来说，在征期内对 IC 卡征期抄税的数据要向税务机关系统抄报税系统进行报送（如 8 月征期报的是防伪税控开票子系统中会计月份为 7 月份的发票数据）。根据各地具体的业务模式来确定是否能够进行后续的清卡操作；简单地说，当月征期报上月已开未报的发票。征期报税原则：每个月进行一次而且只能进行一次征期报税。

（2）非征期报税：对 IC 卡非征期抄税数据向税务机关系统抄报税系统进行报送，即抄即报，报税成功后立即可以清卡。简单地说，当月报当月已开未报的发票。根据实际情况，每个月可以报多次。

注：非征期抄税概念引入缘由。自 2006 年防伪税控开票子系统升级成一机多票后，在防伪税控开票子系统中除了填开增值税专用发票外，还可以填开增值税普通发票与废旧物资发票（而目前废旧物资发票在防伪税控开票子系统中已经取消了），但由于 IC 卡的容量有限，针对票量多的企业，可以分成多次来抄，每次抄完税后要报一次税，将已开发票上报并清空 IC 卡，以便继续开票、抄税。

二、网上报税

1．业务说明

本功能用于网上抄税。非征期已随时抄税（非征期抄税）的企业，必须在每月征期进行征期抄税，以便清卡解锁。

抄报税有两种模式，即同步抄报税模式和异步抄报税模式。进行网上抄报税过程中涉及两种抄报税模式选择，两者没有实质差别，可根据实训需要模拟进行抄报税实训。两者的唯一差别是异步抄报税模式需要进行"一窗式比对"操作，而同步抄报税模式则不需要，如图 3-2-1 和图 3-2-2 所示。

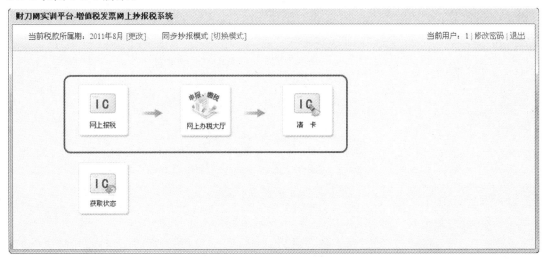

图 3-2-1　同步抄报模式

2．网上报税操作步骤

第一步：登录网上抄报税系统，将在增值税开票系统中抄税成功的 IC 卡插入到已连接

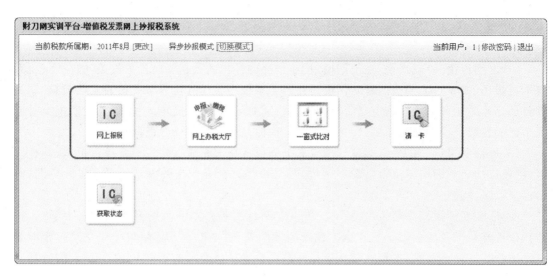

图 3-2-2　异步抄报模式

到电脑的读卡器中。

　　第二步:选择报税模式。

　　第三步:单击"网上报税"进行网上报税处理。

　　(1)单击"网上报税"后如图 3-2-3 所示。

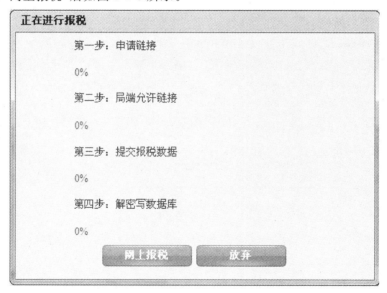

图 3-2-3　网上报税页面

　　(2)单击"网上报税"按钮后出现如图 3-2-4 所示的页面。

　　(3)选择"异步抄报税模式"时系统会进行"一窗式比对",如选择"同步抄报税模式"则直接出现如图 3-2-5 所示的页面。

　　(4)报税成功后的页面如图 3-2-6 所示。系统提示报税并清卡成功,则可进入增值税防伪开票实训系统继续进行增值税专用发票开具工作。

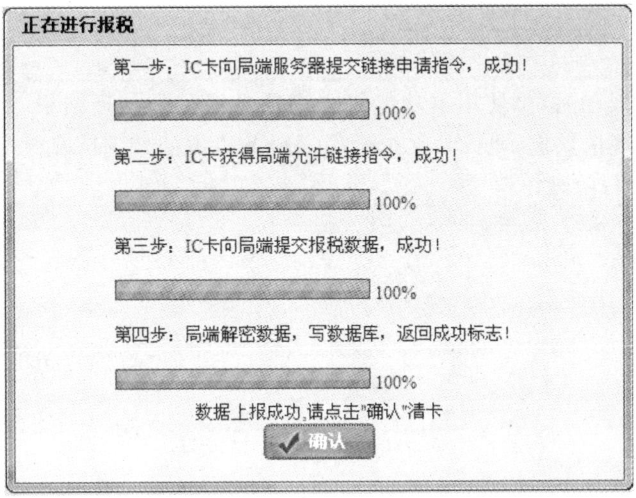

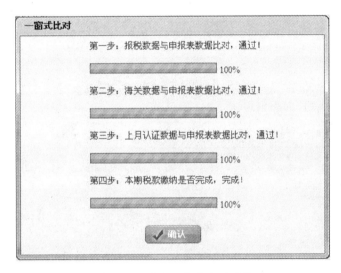

图 3-2-4 报税处理申报过程

图 3-2-5 进行一窗式比对过程

清卡

确认 ?

报税成功并清卡

✓ 确认

图 3-2-6 报税成功并清卡

增值税防伪开票及网上抄报税实训系统教程

增值税防伪开票及网上抄报税实训系统教程

三、获取状态

网上报税提交成功后,可使用本功能来查询税务机关的处理结果。单击"获取状态"按钮(见图3-2-7),出现信息提示页面,系统会根据税务机关的处理情况提示实训纳税人。

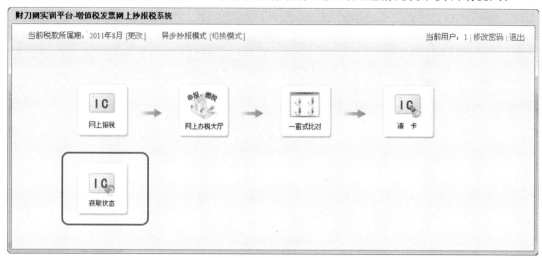

图3-2-7　报税状态查询

如果报税清卡成功,则会出现图3-2-8所示信息。

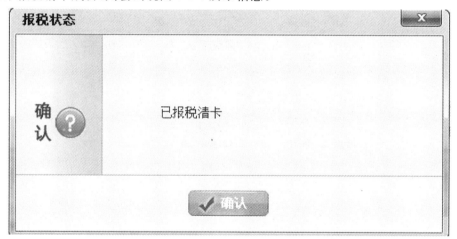

图3-2-8　报税成功并清卡

如果报税清卡未成功,则会出现图3-2-9所示信息。

图 3-2-9　未报税清卡

注:网上抄报税所遵循的准则如下。

1.网上抄报税只能进行常规报税,不支持非常规报税。

2.网上抄报税系统不支持隔月报税,但支持隔月清卡(前提条件:客户端获取到上月征期抄税成功记录)。

3.只有当上期报税、清卡成功后,才能进行本期的抄报业务。

4.无论是否存在非征期抄报,在每个月征期必须进行一次征期抄报。

5.即使增值税防伪开票实训系统没有开过任何发票,也要进行抄报税(零抄报)。

6.网上抄报税系统与老师模拟的税务机关抄报税系统形成互补,允许在老师模拟的税务机关报税,在本系统中完成清卡操作(前提条件:征期内在本系统中还需再报一遍);同时也允许在本系统报,在老师模拟的税务机关清卡。

7.网上抄报税系统只能处理 IC 卡中发票所属月份为本月和上月的抄税数据。

8.网上抄报税软件只记录用户抄报、清卡情况,并考虑到安全保密性,客户端本地及系统不保存抄报发票明细数据。

第四章　增值税防伪开票系统实训

通过前面的学习我们已经熟悉了关于发票开具的流程、方法及在开具发票时的注意事项。本章以实训教材模拟实际的购销业务案例进行增值税专用发票填开练习,对增值税专用发票开具理论知识进行巩固,巩固对防伪税控系统知识的掌握。

一、模拟实训目的

1. 模拟增值税一般纳税人开票系统发行。

2. 模拟增值税一般纳税人发票领购、领购发票读入。

3. 利用增值税防伪开票实训系统根据提供的业务数据开具增值税发票。

4. 模拟修改金税卡时间,进行增值税防伪开票实训系统抄税工作。

5. 熟悉增值税专用发票开具规定及其国家对增值税一般纳税人管理。

二、模拟实训资料

本教程提供业务资料用于开票操作,老师也可自主编制相应业务数据。

三、具体操作程序

1. 学生根据发行成功的 IC 卡到老师处领购发票(注:电子发票号码与纸质发票号码必须一致)。

2. 将领购发票读入到开票系统的金税卡中。

3. 根据提供的开票实训资料进行增值税专用发票开具操作。

4. 模拟修改金税卡时间,进行增值税防伪开票系统抄税工作。

四、资料报送

进行增值税防伪开票实训系统抄税工作后,将根据实训业务数据开具的增值税发票票样一并交给主管的实训老师,进行 IC 卡报税工作,也可以利用增值税发票网上抄报税系统进行 IC 卡报税工作,完成增值税防伪开票系统报税实训操作。

第一节　开票资格获取

实训开始前,老师会根据每个学生的学号及姓名通过税控发行子系统模拟发行一家用于学生实习的企业信息,并将相关内容读入到税控 IC 卡中,学生在取得税控 IC 卡后,登录客户端的税务实训平台,将插入 IC 卡的读卡器连接到电脑,选择如图 4-1-1 所示的增值税防伪税控开票子系统,本实训系统会根据已经发行成功的 IC 卡读出相应的"学校编号"、"用户名",学生此时只需录入系统默认的密码"123456"及根据提示录入正确的验证码即可登录(见图 4-1-2)。

图 4-1-1　增值税防伪开票系统登录页面

图 4-1-2　开票系统主页面

第二节　发票领购

一、首次领购发票

由于财刀网在系统后台已统一设定每个以学生模拟主体的纳税企业每月可领购最高开票限额 10 万元的增值税专用发票 20 份，因此学生每次持 IC 卡可在老师处领购 10 万元版增值税专用发票 20 份，领购发票后应及时在"发票管理"中进行"发票读入"操作，以备开票实训之用（具体的发票数量可由老师确定，但标准答案需修改）。

二、日常发票领购

学生进行发票领购应提供资料如下：

1. 税控 IC 卡。

2. 已领购并成功开具的增值税专用发票最后一张记账联。

3. 统计当期已开具正数、负数、作废发票的金额、税额。

正常情况下，学生在根据已提供的经济业务开票不会涉及发票领购，但可根据实习情况增加发票领购，实习过程中学生要妥善保管实训资料，如实习结束后仍有没用完的发票，学生应将已经领购但未填开的发票的电子信息在自己的防伪税控系统内做"发票退回"处理，并携带相关对应的纸质发票到主管老师处进行模拟所购发票的退回工作。整个开票实训过程涉及 A、B 两个月的共 20 笔经济业务，主要模拟的开票功能包括正常发票、折扣发票、清单发票、红字发票、作废发票及发票查询等操作，使学生能够通过模拟经济业务实训，熟练掌握防伪开票系统的应用。

第三节　模拟经济业务

本教材模拟以学员为主体的销货方主营业务为办公用品经销，主要经销打印机、复印机、复印纸、计算器等办公用品。公司在申请一般纳税人资格认定时经主管税务机关核定其每月可领购 20 份最高开票限额为 10 万元的增值税专用发票，价税合计金额不得超过 117000.00。

参加实训的学生可彼此提供各自的销货方信息给对方，作为彼此在开具发票时购货方项目的填列信息，这样，学生可更换不同的开票单位作为开具发票的购货方。在开票系统中填列所要开具的购货方（以下简称 A 公司）信息。实训内容分 A、B 两个月进行，共 20 笔经济业务。

公司为加速资金周转，减少库存压力，对购买指定型号打印机产品给予适当商业折扣优惠，具体销售政策及开票经济业务如下。

购买 LBP 3500 型号的折扣政策如表 4-3-1 所示。

表 4-3-1　购买 LBP 3500 的折扣政策

数量(台)	折扣比例
5～10	1%
11～15	1.5%
16～20	2.0%
＞20	3%

购买 LBP 3310 型号的折扣政策如表 4-3-2 所示。

表 4-3-2　购买 LBP 3310 的折扣政策

数量(台)	折扣比例
3～5	0.5%
6～10	0.8%
11～15	1.2%
＞15	2%

购买 LBP5060 型号的折扣政策如表 4-3-3 所示。

表 4-3-3　购买 LBP 5060 的折扣政策

数量(台)	折扣比例
3～5	1%
6～10	1.5%
11～20	2%
＞25	3%

根据以下要求开具增值税专用发票(注:开具发票时注意折扣信息):

A 月实训销售资料如下。

1.向某公司销售货物资料如表 4-3-4 所法。请在备注栏内注明收款方式为:银行转账。

表 4-3-4　向某公司销售的货物资料

货物名称(型号)	数量	不含税单价(元)
打印机 LBP 6108	5 台	3600.00
复印机 ML-2245	2 台	8960.00
复印纸	10 箱	250.00
价税合计		44951.40

2.向某公司销售货物资料如下:请在备注栏内注明收款方式为:银行转账。

表 4-3-5　向某公司销售的货物清单

货物名称(型号)	数量	不含税单价
打印机 LBP 2900	2 台	2850.00
打印机 Hp 1000	5 台	3300.00
打印机 LBP 3095	2 台	3600.00
复印机 ML-2245	3 台	8960.00
A4 纸	4 箱	56.00
价税合计		66109.68

3.向某公司销售货物资料如表4-3-6所示。请在备注栏内注明收款方式为:现金。

表4-3-6　向某公司销售的货物清单

货物名称(型号)	数量	不含税单价(元)
打印机 LBP 6108	2 台	3600.00
复印机 ML-2245	2 台	8960.00
A4 纸	100 箱	56.00
复印纸	50 箱	250.00
价税合计		50567.40

4.向某公司销售货物资料如表4-3-7所示。请在备注栏内注明收款方式为:银行转账。

表4-3-7　向某公司销售的货物清单

货物名称(型号)	数量	不含税单价(元)
打印机 LBP 5050	15 台	3600.00
打印机 LBP 7200	8 台	4760.00
打印机 LBP 3250	9 台	4700.00
价税合计		157224.60

5.通过"发票作废"功能,作废已开具的第二张发票。第二张发票向某公司销售货物清单资料见表4-3-5。请在备注栏内注明收款方式为:银行转账。

6.向某公司销售货物清单资料如表4-3-8所示。请在备注栏内注明收款方式为:银行转账。

表4-3-8　向某公司销售的货物清单

货物名称(型号)	数量	不含税单价(元)
打印机 LBP 2900	2 台	2850.00
打印机 LBP 5050	3 台	3600.00
打印机 Hp 1022	2 台	3950.00
打印机 LBP 3095	2 台	3600.00
复印纸	10 箱	250.00
A4 纸	20 箱	56.00
打印机 Hp 1000	3 台	3300.00
打印机 LBP 6650	1 台	5100.00
打印机 LBP 6300	2 台	3200.00
计算器	10 台	65.00
打印机 LBP 3018	3 台	3800.00
打印机 LBP 7200	1 台	4760.00
打印机 LBP 5108	1 台	5800.00
打印机 LBP 3000	1 台	4320.00
价税合计		97753.50

7.向某公司销售货物资料如表4-3-9所示。请在备注栏内注明收款方式为:银行转账。

表4-3-9　向某公司销售的货物清单

货物名称(型号)	数量	不含税单价(元)
打印机 LBP 6650	14 台	5100.00
打印机 Hp 1020	2 台	3600.00
复印纸	9 箱	250.00
价税合计		94594.50

8.向某公司销售货物资料如表4-3-10所示。请在备注栏内注明收款方式为:现金。

表4-3-10　向某公司销售的货物清单

货物名称(型号)	数量	不含税单价(元)
打印机 LBP 2900	1 台	2850.00
计算器	2 台	65.00
复印纸	9 箱	250.00
价税合计		6119.10

9.向某公司销售货物资料如表4-3-11所示。请在备注栏内注明收款方式为:现金。

表4-3-11　向某公司销售的货物清单

货物名称(型号)	数量	不含税单价
打印机 LBP 6200	1 台	4500.00
复印纸	9 箱	250.00
价税合计		7897.50

完成 A 月开具发票实训后,金税卡内时间可能还没有到次月的抄税期,为模拟纳税期 IC 卡抄税业务流程,此时学生可持 IC 卡向老师申请修改"金税卡时钟"授权,在获得授权后进入实训开票系统进行修改"金税卡时钟"操作,将开票系统金税卡时间修改为"B 月 1 日",同时通过单击"抄税处理"功能进行开票系统的抄税工作,抄税成功后,学员可持以下资料到老师处模拟 IC 卡报税工作。

报税时应提供以下资料:

1.抄税成功的税控 IC 卡及打印成功的所开具发票资料。

2.根据所开具发票的金额、税额、发票份数,统计下列信息。

(1)所开具发票情况:

①期初库存发票份数;

②本月领购发票总份数;

③正数发票份数;

④正废发票份数;

⑤负数发票份数;

⑥期末库存发票份数。

(2)统计开具发票的金额、税额：

①销项正数发票金额合计：已开具正数发票金额合计；

②销项正数发票税额合计：已开具正数发票税额合计；

③销项正废发票金额合计：已开具正数作废发票金额合计；

④销项正废发票税额合计：已开具正数作废发票税额合计；

⑤销项负数金额合计：已开具负数发票金额合计；

⑥销项负数税额合计：已开具负数发票税额合计；

⑦实际销售金额合计：已开具正数发票金额合计－已开具正数作废发票金额合计－已开具负数发票金额合计；

⑧实际销项税额合计：已开具正数发票税额合计－已开具正数作废发票税额合计－已开具负数发票税额合计。

以上发票信息可通过已开具成功的各张发票获取。确认无误后可持相关资料到老师处进行模拟企业报税过程。

在报税成功后，可继续根据已经提供的 B 月资料利用开票系统完成增值税专用发票开具。

B 月实训销售资料如下。

1. 向某公司销售货物资料如表 4-3-12 所示。请在备注栏内注明收款方式为：银行转账。

表 4-3-12　向某公司销售的货物清单

货物名称（型号）	数量	不含税单价（元）
打印机 Hp 1022	6 台	3950.00
打印机 Hp 1012	6 台	3450.00
计算器	5 台	65.00
价税合计		52328.25

2. 向某公司销售货物资料如表 4-3-13 所示。请在备注栏内注明收款方式为：现金（注折扣）。

表 4-3-13　向某公司销售的货物清单

货物名称（型号）	数量	不含税单价（元）
打印机 LBP 3500	11 台	3500.00
复印机 ML-2245	3 台	8960.00
A4 纸	4 箱	56.00
价税合计		76081.00

3. 采用"发票复制"功能复制 A 月填开的第六张发票，向某公司销售货物资料如下：请在备注栏内注明收款方式为银行转账。

4. 由于 A 月开具的第 9 张发票购货方申报进项税抵扣时无法认证通过，所以在 B 月购货方要求重新开具增值税专用发票，并对已开具的发票进行开具负数发票处理。

A 月向某公司开具的第 9 张销售资料见表 4-3-11。请在备注栏内注明收款方式为：现金。

5. 向某公司销售货物资料如表 4-3-14 所示。请在备注栏内注明收款方式为：银行转账（注：一行折扣）。

表 4-3-14　向某公司销售的货物清单

货物名称(型号)	数量	不含税单价(元)
打印机 LBP5050	5 台	3600.00
打印机 LBP6200	5 台	4500.00
打印机 LBP3310	8 台	4600.00
价税合计		90096.55

6.向某公司销售货物资料如表 4-3-15 所示。请在备注栏内注明收款方式为:现金。

表 4-3-15　向某公司销售的货物清单

货物名称(型号)	数量	不含税单价(元)
打印机 LBP3000	1 台	4320.00
价税合计		5054.40

7.向某公司销售货物资料如表 4-3-16 所示。请在备注栏内注明收款方式为:现金。

表 4-3-16　向某公司销售的货物清单

货物名称(型号)	数量	不含税单价(元)
打印机 LBP3000	2 台	4320.00
打印机 LBP3310	1 台	4600.00
打印机 LBP5108	1 台	5800.00
价税合计		22276.80

8.将 B 月开具的第一张发票作废:B 月第一张向 A 公司销售货物资料见表 4-3-13。请在备注栏内注明收款方式为:银行转账。

9.向某公司销售货物资料如表 4-3-17 所示。请在备注栏内注明收款方式为:现金。

表 4-3-17　向某公司销售的货物清单

货物名称(型号)	数量	不含税单价(元)
计算器	10 台	65.00
复印纸	5 台	250.00
价税合计		2223.00

10.由于发生退货,请将 A 月第 8 张发票做红字发票处理。销售货物资料见表 4-3-10。请在备注栏内注明收款方式为:现金。

完成 B 月开具发票后,金税卡内时间如没到次月的抄税期,为模拟纳税期 IC 卡抄税业务流程,学员持 IC 卡向老师申请修改"金税卡时钟"授权,在获得授权后进入开票系统进行修改"金税卡时钟"操作,将开票系统金税卡时间修改为"C 月 1 日",同时通过单击"抄税处理"功能进行开票系统的抄税工作,抄税成功,统计如 B 月的发票资料信息后,学员此时可持 IC 卡到老师处模拟 IC 卡报税工作。

至此两个月共 20 项全部经济业务模拟完成,如果实习结束后仍有没用完的发票,学生应将已经领购但未填开的发票的电子信息在自己的防伪税控系统内做"发票退回"处理,并携带相关对应的纸制发票到主管老师处进行模拟所购发票的退回工作。

在日常工作中还要针对不同版面的增值税专用发票的开票限额加以区分,同时财刀网会不断完善实训系统升级,以满足实训要求。

开票系统实训答案

老师要检查学生提交发票开具是否符合实训业务要求：

1.是否按要求开具折扣发票、开具折扣额的部分是否正确；

2.是否按要求在备注栏内注明收款方式。

报税要求。

当学生完成一个月的发票开具业务实习进行IC卡报税时,应要求学生根据已开具发票信息提供以下数据资料。

(1)所开具发票情况：

①期初库存发票份数；

②本月领购发票总份数；

③正数发票份数；

④正废发票份数；

⑤负数发票份数；

⑥期末库存发票份数。

(2)统计开具发票的金额、税额：

①销项正数发票金额合计；

②销项正数发票税额合计；

③销项正废发票金额合计；

④销项正废发票税额合计；

⑤销项负数金额合计；

⑥销项负数税额合计；

⑦实际销售金额合计；

⑧实际销项税额合计。

A月模拟开具发票情况如下：

A月共开具增值税发票10张,其中正常发票6张、作废发票1张、开具清单发票1张、超限额业务1笔,需开具2张发票。

①销项正数发票金额合计:448904.00

②销项正数发票税额合计:76313.68

③销项正废发票金额合计:56504.00

④销项正废发票税额合计:9605.68

⑤实际销售金额合计:392400.00

⑥实际销项税额合计:66708.00

B月模拟开具发票情况如下：

B月共开具增值税发票10张,其中正常发票5张、作废发票1张、负数发票2张、折扣发票开具2张(涉及发票复制功能应用)。

①销项正数发票金额合计:295567.10
②销项正数发票税额合计:50246.41
③销项正废发票金额合计:44725.00
④销项正废发票税额合计:7603.25
⑤销项负数金额合计:11980.00
⑥销项负数税额合计:2036.60
⑦实际销售金额合计:238862.10
⑧实际销项税额合计:40606.56

附录　与增值税发票相关通知文件

附录 1

国家税务总局关于修订《增值税专用发票使用规定》的通知
国税发〔2006〕156 号

各省、自治区、直辖市和计划单列市国家税务局：

　　为适应增值税专用发票管理需要,规范增值税专用发票使用,进一步加强增值税征收管理,在广泛征求意见的基础上,国家税务总局对现行的《增值税专用发票使用规定》进行了修订。现将修订后的《增值税专用发票使用规定》印发给你们,自 2007 年 1 月 1 日起施行。

　　各级税务机关应做好宣传工作,加强对税务人员和纳税人的培训,确保新规定贯彻执行到位。执行中如有问题,请及时报告总局(流转税管理司)。

　　附件:

　　1.最高开票限额申请表

　　2.销售货物或者提供应税劳务清单

　　3.开具红字增值税专用发票申请单

　　4.开具红字增值税专用发票通知单

　　5.丢失增值税专用发票已报税证明单

国家税务总局

二〇〇六年十月十七日

增值税专用发票使用规定

　　第一条　为加强增值税征收管理,规范增值税专用发票(以下简称专用发票)使用行为,根据《中华人民共和国增值税暂行条例》及其实施细则和《中华人民共和国税收征收管理法》及其实施细则,制定本规定。

　　第二条　专用发票,是增值税一般纳税人(以下简称一般纳税人)销售货物或者提供应税劳务开具的发票,是购买方支付增值税额并可按照增值税有关规定据以抵扣增值税进项税额的凭证。

　　第三条　一般纳税人应通过增值税防伪税控系统(以下简称防伪税控系统)使用专用发票。使用,包括领购、开具、缴销、认证纸质专用发票及其相应的数据电文。

　　本规定所称防伪税控系统,是指经国务院同意推行的,使用专用设备和通用设备、运用数字密码和电子存储技术管理专用发票的计算机管理系统。

本规定所称专用设备,是指金税卡、IC卡、读卡器和其他设备。

本规定所称通用设备,是指计算机、打印机、扫描器具和其他设备。

第四条 专用发票由基本联次或者基本联次附加其他联次构成,基本联次为三联:发票联、抵扣联和记账联。发票联,作为购买方核算采购成本和增值税进项税额的记账凭证;抵扣联,作为购买方报送主管税务机关认证和留存备查的凭证;记账联,作为销售方核算销售收入和增值税销项税额的记账凭证。其他联次用途,由一般纳税人自行确定。

第五条 专用发票实行最高开票限额管理。最高开票限额,是指单份专用发票开具的销售额合计数不得达到的上限额度。

最高开票限额由一般纳税人申请,税务机关依法审批。最高开票限额为十万元及以下的,由区县级税务机关审批;最高开票限额为一百万元的,由地市级税务机关审批;最高开票限额为一千万元及以上的,由省级税务机关审批。防伪税控系统的具体发行工作由区县级税务机关负责。

税务机关审批最高开票限额应进行实地核查。批准使用最高开票限额为十万元及以下的,由区县级税务机关派人实地核查;批准使用最高开票限额为一百万元的,由地市级税务机关派人实地核查;批准使用最高开票限额为一千万元及以上的,由地市级税务机关派人实地核查后将核查资料报省级税务机关审核。

一般纳税人申请最高开票限额时,需填报《最高开票限额申请表》(附件1-1)。

第六条 一般纳税人领购专用设备后,凭《最高开票限额申请表》、《发票领购簿》到主管税务机关办理初始发行。

本规定所称初始发行,是指主管税务机关将一般纳税人的下列信息载入空白金税卡和IC卡的行为。

(一)企业名称;

(二)税务登记代码;

(三)开票限额;

(四)购票限量;

(五)购票人员姓名、密码;

(六)开票机数量;

(七)国家税务总局规定的其他信息。

一般纳税人发生上列第一、三、四、五、六、七项信息变化,应向主管税务机关申请变更发行;发生第二项信息变化,应向主管税务机关申请注销发行。

第七条 一般纳税人凭《发票领购簿》、IC卡和经办人身份证明领购专用发票。

第八条 一般纳税人有下列情形之一的,不得领购开具专用发票:

(一)会计核算不健全,不能向税务机关准确提供增值税销项税额、进项税额、应纳税额数据及其他有关增值税税务资料的。上列其他有关增值税税务资料的内容,由省、自治区、直辖市和计划单列市国家税务局确定。

(二)有《税收征管法》规定的税收违法行为,拒不接受税务机关处理的。

(三)有下列行为之一,经税务机关责令限期改正而仍未改正的:

1.虚开增值税专用发票;

2.私自印制专用发票；

3.向税务机关以外的单位和个人买取专用发票；

4.借用他人专用发票；

5.未按本规定第十一条开具专用发票；

6.未按规定保管专用发票和专用设备；

7.未按规定申请办理防伪税控系统变更发行；

8.未按规定接受税务机关检查。

有上列情形的,如已领购专用发票,主管税务机关应暂扣其结存的专用发票和IC卡。

第九条　有下列情形之一的,为本规定第八条所称未按规定保管专用发票和专用设备：

（一）未设专人保管专用发票和专用设备；

（二）未按税务机关要求存放专用发票和专用设备；

（三）未将认证相符的专用发票抵扣联、《认证结果通知书》和《认证结果清单》装订成册；

（四）未经税务机关查验,擅自销毁专用发票基本联次。

第十条　一般纳税人销售货物或者提供应税劳务,应向购买方开具专用发票。

商业企业一般纳税人零售的烟、酒、食品、服装、鞋帽（不包括劳保专用部分）、化妆品等消费品不得开具专用发票。

增值税小规模纳税人（以下简称小规模纳税人）需要开具专用发票的,可向主管税务机关申请代开。

销售免税货物不得开具专用发票,法律、法规及国家税务总局另有规定的除外。

第十一条　专用发票应按下列要求开具：

（一）项目齐全,与实际交易相符；

（二）字迹清楚,不得压线、错格；

（三）发票联和抵扣联加盖财务专用章或者发票专用章；

（四）按照增值税纳税义务的发生时间开具。

对不符合上列要求的专用发票,购买方有权拒收。

第十二条　一般纳税人销售货物或者提供应税劳务可汇总开具专用发票。汇总开具专用发票的,同时使用防伪税控系统开具《销售货物或者提供应税劳务清单》（附件1-2）,并加盖财务专用章或者发票专用章。

第十三条　一般纳税人在开具专用发票当月,发生销货退回、开票有误等情形,收到退回的发票联、抵扣联符合作废条件的,按作废处理；开具时发现有误的,可即时作废。

作废专用发票须在防伪税控系统中将相应的数据电文按"作废"处理,在纸质专用发票（含未打印的专用发票）各联次上注明"作废"字样,全联次留存。

第十四条　一般纳税人取得专用发票后,发生销货退回、开票有误等情形但不符合作废条件的,或者因销货部分退回及发生销售折让的,购买方应向主管税务机关填报《开具红字增值税专用发票申请单》（以下简称《申请单》,附件1-3）。

《申请单》所对应的蓝字专用发票应经税务机关认证。

经认证结果为"认证相符"并且已经抵扣增值税进项税额的,一般纳税人在填报《申请单》时不填写相对应的蓝字专用发票信息。

经认证结果为"纳税人识别号认证不符"、"专用发票代码、号码认证不符"的,一般纳税人在填报《申请单》时应填写相对应的蓝字专用发票信息。

第十五条　《申请单》一式两联：第一联由购买方留存；第二联由购买方主管税务机关留存。

《申请单》应加盖一般纳税人财务专用章。

第十六条　主管税务机关对一般纳税人填报的《申请单》进行审核后，出具《开具红字增值税专用发票通知单》（以下简称《通知单》，附件1-4）。《通知单》应与《申请单》一一对应。

第十七条　《通知单》一式三联：第一联由购买方主管税务机关留存；第二联由购买方送交销售方留存；第三联由购买方留存。

《通知单》应加盖主管税务机关印章。

《通知单》应按月依次装订成册，并比照专用发票保管规定管理。

第十八条　购买方必须暂依《通知单》所列增值税税额从当期进项税额中转出，未抵扣增值税进项税额的可列入当期进项税额，待取得销售方开具的红字专用发票后，与留存的《通知单》一并作为记账凭证。属于本规定第十四条第四款所列情形的，不作进项税额转出。

第十九条　销售方凭购买方提供的《通知单》开具红字专用发票，在防伪税控系统中以销项负数开具。

红字专用发票应与《通知单》一一对应。

第二十条　同时具有下列情形的，为本规定所称作废条件：

（一）收到退回的发票联、抵扣联时间未超过销售方开票当月；

（二）销售方未抄税并且未记账；

（三）购买方未认证或者认证结果为"纳税人识别号认证不符"、"专用发票代码、号码认证不符"。

本规定所称抄税，是报税前用IC卡或者IC卡和软盘抄取开票数据电文。

第二十一条　一般纳税人开具专用发票应在增值税纳税申报期内向主管税务机关报税，在申报所属月份内可分次向主管税务机关报税。

本规定所称报税，是纳税人持IC卡或者IC卡和软盘向税务机关报送开票数据电文。

第二十二条　因IC卡、软盘质量等问题无法报税的，应更换IC卡、软盘。

因硬盘损坏、更换金税卡等原因不能正常报税的，应提供已开具未向税务机关报税的专用发票记账联原件或者复印件，由主管税务机关补采开票数据。

第二十三条　一般纳税人注销税务登记或者转为小规模纳税人，应将专用设备和结存未用的纸质专用发票送交主管税务机关。

主管税务机关应缴销其专用发票，并按有关安全管理的要求处理专用设备。

第二十四条　本规定第二十三条所称专用发票的缴销，是指主管税务机关在纸质专用发票监制章处按"V"字剪角作废，同时作废相应的专用发票数据电文。

被缴销的纸质专用发票应退还纳税人。

第二十五条　用于抵扣增值税进项税额的专用发票应经税务机关认证相符（国家税务总局另有规定的除外）。认证相符的专用发票应作为购买方的记账凭证，不得退还销售方。

本规定所称认证，是税务机关通过防伪税控系统对专用发票所列数据的识别、确认。

本规定所称认证相符，是指纳税人识别号无误，专用发票所列密文解译后与明文一致。

第二十六条　经认证，有下列情形之一的，不得作为增值税进项税额的抵扣凭证，税务机关退还原件,购买方可要求销售方重新开具专用发票。

（一）无法认证。

本规定所称无法认证,是指专用发票所列密文或者明文不能辨认,无法产生认证结果。

（二）纳税人识别号认证不符。

本规定所称纳税人识别号认证不符,是指专用发票所列购买方纳税人识别号有误。

（三）专用发票代码、号码认证不符。

本规定所称专用发票代码、号码认证不符,是指专用发票所列密文解译后与明文的代码或者号码不一致。

第二十七条　经认证,有下列情形之一的,暂不得作为增值税进项税额的抵扣凭证,税务机关扣留原件,查明原因,分别情况进行处理。

（一）重复认证。

本规定所称重复认证,是指已经认证相符的同一张专用发票再次认证。

（二）密文有误。

本规定所称密文有误,是指专用发票所列密文无法解译。

（三）认证不符。

本规定所称认证不符,是指纳税人识别号有误,或者专用发票所列密文解译后与明文不一致。

本项所称认证不符不含第二十六条第二项、第三项所列情形。

（四）列为失控专用发票。

本规定所称列为失控专用发票,是指认证时的专用发票已被登记为失控专用发票。

第二十八条　一般纳税人丢失已开具专用发票的发票联和抵扣联,如果丢失前已认证相符的,购买方凭销售方提供的相应专用发票记账联复印件及销售方所在地主管税务机关出具的《丢失增值税专用发票已报税证明单》(附件 1-5),经购买方主管税务机关审核同意后,可作为增值税进项税额的抵扣凭证;如果丢失前未认证的,购买方凭销售方提供的相应专用发票记账联复印件到主管税务机关进行认证,认证相符的凭该专用发票记账联复印件及销售方所在地主管税务机关出具的《丢失增值税专用发票已报税证明单》,经购买方主管税务机关审核同意后,可作为增值税进项税额的抵扣凭证。

一般纳税人丢失已开具专用发票的抵扣联,如果丢失前已认证相符的,可使用专用发票发票联复印件留存备查;如果丢失前未认证的,可使用专用发票发票联到主管税务机关认证,专用发票发票联复印件留存备查。

一般纳税人丢失已开具专用发票的发票联,可将专用发票抵扣联作为记账凭证,专用发票抵扣联复印件留存备查。

第二十九条　专用发票抵扣联无法认证的,可使用专用发票发票联到主管税务机关认证。专用发票发票联复印件留存备查。

第三十条　本规定自 2007 年 1 月 1 日施行,《国家税务总局关于印发〈增值税专用发票使用规定〉的通知》(国税发〔1993〕150 号)、《国家税务总局关于增值税专用发票使用问题的补充通知》(国税发〔1994〕056 号)、《国家税务总局关于由税务所为小规模企业代开增值税专用发票的通知》(国税发〔1994〕058 号)、《国家税务总局关于印发〈关于商业零售企业开具增值税专用发票的通告〉的通知》(国税发〔1994〕081 号)、《国家税务总局关于修改〈国家税务总局关于严格控制增值税专用发票使用范围的通知〉的通知》（国税发〔2000〕075 号）、《国家税务总局关于加强防伪税控开票系统最高开票限额管理的通知》（国税发明电〔2001〕57号）、《国家税务总局关于增值税一般纳税人丢失防伪税控系统开具的增值税专用发票有关税务处理问题的通知》（国税发〔2002〕010 号）、《国家税务总局关于进一步加强防伪税控开票系统最高开票限额管理的通知》（国税发明电〔2002〕33 号）同时废止。以前有关政策规定与本规定不一致的，以本规定为准。

附件 1-1　最高开票限额申请表

申请事项 （由企业填写）	企业名称		税务登记代码	
	地　　址		联系电话	
	申请最高 开票限额	□ 一亿元　□ 一千万元　□ 一百万元 □ 十万元　□ 一万元　　□ 一千元 （请在选择数额前的□内打"√"）		
	经办人（签字）： 　　　　年　月　日		企业（印章）： 　　　　年　月　日	
区县级 税务机关 意见	批准最高开票限额： 经办人（签字）：　　　　批准人（签字）：　　　　税务机关（印章） 　　年　月　日　　　　　　年　月　日　　　　　　年　月　日			
地市级 税务机关 意见	批准最高开票限额： 经办人（签字）：　　　　批准人（签字）：　　　　税务机关（印章） 　　年　月　日　　　　　　年　月　日　　　　　　年　月　日			
省级税务 机关意见	批准最高开票限额： 经办人（签字）：　　　　批准人（签字）：　　　　税务机关（印章） 　　年　月　日　　　　　　年　月　日　　　　　　年　月　日			

注：本申请表一式两联：第一联，申请企业留存；第二联，区县级税务机关留存。

附件 1-2　销售货物或者提供应税劳务清单

购买方名称：

销售方名称：

所属增值税专用发票代码：　　　　　号码：　　　　　　共　页　第　页

序号	货物(劳务)名称	规格型号	单位	数 量	单 价	金 额	税率	税 额
备注								

填开日期：　　年　月　日

注：本清单一式两联：第一联，销售方留存；第二联，销售方送交购买方。

附件1-3　开具红字增值税专用发票申请单

NO.

销售方	名　称		购买方	名　称	
	税务登记代码			税务登记代码	

开具红字专用发票内容	货物（劳务）名称	单价	数量	金额	税额
	合计	—	—		

说明	对应蓝字专用发票抵扣增值税销项税额情况： 　　已抵扣□ 　　未抵扣□ 　　　　纳税人识别号认证不符□ 　　　　专用发票代码、号码认证不符□ 　　　　对应蓝字专用发票密码区内打印的代码： 　　　　　　　　　　　号码： 开具红字专用发票理由：

申明:我单位提供的《申请单》内容真实,否则将承担相关法律责任。

购买方经办人:　　　　　　　　　　　　　　购买方名称(印章):

　　　　　　　　　　　　　　　　　　　　　　　年　　　月　　　日

注:本申请单一式两联;第一联,购买方留存;第二联,购买方主管税务机关留存。

附件 1-4　开具红字增值税专用发票通知单

填开日期：　年　月　日　　　　　　　　　　　　　　　　　NO.

销售方	名　称		购买方	名　称	
	税务登记代码			税务登记代码	

开具红字专用发票内容	货物（劳务）名称	单价	数量	金额	税额
	合计	—	—		

说明	需要作进项税额转出□ 不需要作进项税额转出□ 　　纳税人识别号认证不符□ 　　专用发票代码、号码认证不符□ 　　对应蓝字专用发票密码区内打印的代码： 　　　　　号码： 开具红字专用发票理由：

经办人：　　　　负责人：　　　主管税务机关名称（印章）：

注：1.本通知单一式三联：第一联，购买方主管税务机关留存；第二联，购买方送交销售方留存；第三联，购买方留存。

　2.通知单应与申请单一一对应。

　3.销售方应在开具红字专用发票后到主管税务机关进行核销。

附件 1-5　丢失增值税专用发票已报税证明单

NO.

销售方	名　称			购买方	名　称		
	税务登记代码				税务登记代码		

	发票代码	发票号码	货物（劳务）名称	单价	数量	金额	税额
丢失增值税专用发票							

报税及纳税申报情况	报税时间： 纳税申报时间： 经办人：　　　　负责人： 主管税务机关名称（印章）： 　　　　　　　　　年　　月　　日
备注	

注：本证明单一式三联：第一联，销售方主管税务机关留存；第二联，销售方留存；第三联，购买方主管税务机关留存。

附录 2

增值税一般纳税人资格认定管理办法

国家税务总局令〔2010〕22 号

《增值税一般纳税人资格认定管理办法》已经 2009 年 12 月 15 日国家税务总局第 2 次局务会议审议通过,现予公布,自 2010 年 3 月 20 日起施行。

国家税务总局局长:肖捷

二〇一〇年二月十日

增值税一般纳税人资格认定管理办法

第一条 为加强增值税一般纳税人(以下简称一般纳税人)资格认定管理,根据《中华人民共和国增值税暂行条例》及其实施细则,制定本办法。

第二条 一般纳税人资格认定和认定以后的资格管理适用本办法。

第三条 增值税纳税人(以下简称纳税人),年应税销售额超过财政部、国家税务总局规定的小规模纳税人标准的,除本办法第五条规定外,应当向主管税务机关申请一般纳税人资格认定。

本办法所称年应税销售额,是指纳税人在连续不超过 12 个月的经营期内累计应征增值税销售额,包括免税销售额。

第四条 年应税销售额未超过财政部、国家税务总局规定的小规模纳税人标准以及新开业的纳税人,可以向主管税务机关申请一般纳税人资格认定。

对提出申请并且同时符合下列条件的纳税人,主管税务机关应当为其办理一般纳税人资格认定:

(一)有固定的生产经营场所;

(二)能够按照国家统一的会计制度规定设置账簿,根据合法、有效凭证核算,能够提供准确税务资料。

第五条 下列纳税人不办理一般纳税人资格认定:

(一)个体工商户以外的其他个人;

(二)选择按照小规模纳税人纳税的非企业性单位;

(三)选择按照小规模纳税人纳税的不经常发生应税行为的企业。

第六条 纳税人应当向其机构所在地主管税务机关申请一般纳税人资格认定。

第七条 一般纳税人资格认定的权限,在县(市、区)国家税务局或者同级别的税务分局(以下称认定机关)。

第八条 纳税人符合本办法第三条规定的,按照下列程序办理一般纳税人资格认定:

(一)纳税人应当在申报期结束后 40 日(工作日,下同)内向主管税务机关报送《增值税一般纳税人申请认定表》(见附件 2-1,以下简称申请表),申请一般纳税人资格认定。

(二)认定机关应当在主管税务机关受理申请之日起 20 日内完成一般纳税人资格认定,并由主管税务机关制作、送达《税务事项通知书》,告知纳税人。

(三)纳税人未在规定期限内申请一般纳税人资格认定的,主管税务机关应当在规定期限结束后 20 日内制作并送达《税务事项通知书》，告知纳税人。

纳税人符合本办法第五条规定的，应当在收到《税务事项通知书》后 10 日内向主管税务机关报送《不认定增值税一般纳税人申请表》(见附件 2-2)，经认定机关批准后不办理一般纳税人资格认定。认定机关应当在主管税务机关受理申请之日起 20 日内批准完毕，并由主管税务机关制作、送达《税务事项通知书》，告知纳税人。

第九条　纳税人符合本办法第四条规定的，按照下列程序办理一般纳税人资格认定：

(一)纳税人应当向主管税务机关填报申请表，并提供下列资料：

1.《税务登记证》副本；

2.财务负责人和办税人员的身份证明及其复印件；

3.会计人员的从业资格证明或者与中介机构签订的代理记账协议及其复印件；

4.经营场所产权证明或者租赁协议，或者其他可使用场地证明及其复印件；

5.国家税务总局规定的其他有关资料。

(二)主管税务机关应当当场核对纳税人的申请资料，经核对一致且申请资料齐全、符合填列要求的，当场受理，制作《文书受理回执单》，并将有关资料的原件退还纳税人。

对申请资料不齐全或者不符合填列要求的，应当当场告知纳税人需要补正的全部内容。

(三)主管税务机关受理纳税人申请以后，根据需要进行实地查验，并制作查验报告。

查验报告由纳税人法定代表人(负责人或者业主)、税务查验人员共同签字(签章)确认。

实地查验时，应当有两名或者两名以上税务机关工作人员同时到场。

实地查验的范围和方法由各省税务机关确定并报国家税务总局备案。

(四)认定机关应当自主管税务机关受理申请之日起 20 日内完成一般纳税人资格认定，并由主管税务机关制作、送达《税务事项通知书》，告知纳税人。

第十条　主管税务机关应当在一般纳税人《税务登记证》副本"资格认定"栏内加盖"增值税一般纳税人"戳记(附件 2-3)。

"增值税一般纳税人"戳记印色为红色，印模由国家税务总局制定。

第十一条　纳税人自认定机关认定为一般纳税人的次月起(新开业纳税人自主管税务机关受理申请的当月起)，按照《中华人民共和国增值税暂行条例》第四条的规定计算应纳税额，并按照规定领购、使用增值税专用发票。

第十二条　除国家税务总局另有规定外，纳税人一经认定为一般纳税人后，不得转为小规模纳税人。

第十三条　主管税务机关可以在一定期限内对下列一般纳税人实行纳税辅导期管理：

(一)按照本办法第四条的规定新认定为一般纳税人的小型商贸批发企业；

(二)国家税务总局规定的其他一般纳税人。

纳税辅导期管理的具体办法由国家税务总局另行制定。

第十四条　本办法自 2010 年 3 月 20 日起执行。《国家税务总局关于印发〈增值税一般纳税人申请认定办法〉的通知》(国税明电〔1993〕52 号、国税发〔1994〕59 号)，《国家税务总局关于增值税一般纳税人申请认定办法的补充规定》(国税明电〔1993〕60 号)，《国家税务总局关于印发〈增值税一般纳税人年审办法〉的通知》(国税函〔1998〕156 号)，《国家税务总局关于使用增值税防伪税控系统的增值税一般纳税人资格认定问题的通知》(国税函〔2002〕326 号)同时废止。

附件 2-1　增值税一般纳税人申请认定表

纳税人名称			纳税人识别号			
法定代表人 （负责人、业主）		证件名称及号码		联系电话		
财务负责人		证件名称及号码		联系电话		
办税人员		证件名称及号码		联系电话		
生产经营地址						
核算地址						
纳税人类别：企业、企业性单位□　非企业性单位□　个体工商户□　其他□						
纳税人主业：工业□　商业□　其他□						
认定前累计应税销售额 （连续不超过12个月的经营期内）			年　月至　年　月共　　　　　元。			
纳税人 声明	上述各项内容真实、可靠、完整。如有虚假，本纳税人愿意承担相关法律责任。 （签章）： 年　月　日					
税务机关						
受理 意见			受理人签名： 年　月　日			
查验 意见			查验人签名： 年　月　日			
主管税 务机关 意见			（签章） 年　月　日			
认定 机关 意见			（签章） 年　月　日			

注：本表1式2份，主管税务机关和纳税人各留存1份。

附件 2-2　不认定增值税一般纳税人申请表

纳税人名称		纳税人识别号	
纳税人意见			（签章）： 年　月　日
主管税务 机关意见			（签章） 年　月　日
认定机关 意见			（签章） 年　月　日

注：本表 1 式 2 份，主管税务机关和纳税人各留存 1 份。

附件 2-3 "增值税一般纳税人"(印模式样)

说明：

①"增值税一般纳税人"(印模)规格为 6 厘米(长)×1.8 厘米(宽)；

②采用 2 号标准宋体字刻写。

附录 3

国家税务总局关于印发
《增值税一般纳税人纳税辅导期管理办法》的通知

国税发〔2010〕40 号

各省、自治区、直辖市和计划单列市国家税务局：

为加强增值税一般纳税人纳税辅导期管理，根据《增值税一般纳税人资格认定管理办法》第十三条规定，税务总局制定了《增值税一般纳税人纳税辅导期管理办法》，现印发给你们，请遵照执行。

国家税务总局

二〇一〇年四月七日

增值税一般纳税人纳税辅导期管理办法

第一条　为加强增值税一般纳税人纳税辅导期管理，根据《增值税一般纳税人资格认定管理办法》（以下简称认定办法）第十三条规定，制定本办法。

第二条　实行纳税辅导期管理的增值税一般纳税人（以下简称辅导期纳税人），适用本办法。

第三条　认定办法第十三条第一款所称的"小型商贸批发企业"，是指注册资金在 80 万元（含 80 万元）以下、职工人数在 10 人（含 10 人）以下的批发企业。只从事出口贸易，不需要使用增值税专用发票的企业除外。

批发企业按照国家统计局颁发的《国民经济行业分类》（GB/T4754－2002）中有关批发业的行业划分方法界定。

第四条　认定办法第十三条所称"其他一般纳税人"，是指具有下列情形之一的一般纳税人：

（一）增值税偷税数额占应纳税额的 10％以上并且偷税数额在 10 万元以上的；

（二）骗取出口退税的；

（三）虚开增值税扣税凭证的；

（四）国家税务总局规定的其他情形。

第五条　新认定为一般纳税人的小型商贸批发企业实行纳税辅导期管理的期限为 3 个月；其他一般纳税人实行纳税辅导期管理的期限为 6 个月。

第六条　对新办小型商贸批发企业，主管税务机关应在认定办法第九条第（四）款规定的《税务事项通知书》内告知纳税人对其实行纳税辅导期管理，纳税辅导期自主管税务机关制作《税务事项通知书》的当月起执行；对其他一般纳税人，主管税务机关应自稽查部门作出《税务稽查处理决定书》后 40 个工作日内，制作、送达《税务事项通知书》告知纳税人对其实行纳税辅导期管理，纳税辅导期自主管税务机关制作《税务事项通知书》的次月起执行。

第七条　辅导期纳税人取得的增值税专用发票（以下简称专用发票）抵扣联、海关进口增值税专用缴款书以及运输费用结算单据应当在交叉稽核比对无误后，方可抵扣进项税额。

第八条　主管税务机关对辅导期纳税人实行限量限额发售专用发票。

（一）实行纳税辅导期管理的小型商贸批发企业,领购专用发票的最高开票限额不得超过十万元;其他一般纳税人专用发票最高开票限额应根据企业实际经营情况重新核定。

（二）辅导期纳税人专用发票的领购实行按次限量控制,主管税务机关可根据纳税人的经营情况核定每次专用发票的供应数量,但每次发售专用发票数量不得超过25份。

辅导期纳税人领购的专用发票未使用完而再次领购的,主管税务机关发售专用发票的份数不得超过核定的每次领购专用发票份数与未使用完的专用发票份数的差额。

第九条　辅导期纳税人一个月内多次领购专用发票的,应从当月第二次领购专用发票起,按照上一次已领购并开具的专用发票销售额的3％预缴增值税,未预缴增值税的,主管税务机关不得向其发售专用发票。

预缴增值税时,纳税人应提供已领购并开具的专用发票记账联,主管税务机关根据其提供的专用发票记账联计算应预缴的增值税。

第十条　辅导期纳税人按第九条规定预缴的增值税可在本期增值税应纳税额中抵减,抵减后预缴增值税仍有余额的,可抵减下期再次领购专用发票时应当预缴的增值税。

纳税辅导期结束后,纳税人因增购专用发票发生的预缴增值税有余额的,主管税务机关应在纳税辅导期结束后的第一个月内,一次性退还纳税人。

第十一条　辅导期纳税人应当在"应交税金"科目下增设"待抵扣进项税额"明细科目,核算尚未交叉稽核比对的专用发票抵扣联、海关进口增值税专用缴款书以及运输费用结算单据(以下简称增值税抵扣凭证)注明或者计算的进项税额。

辅导期纳税人取得增值税抵扣凭证后,借记"应交税金——待抵扣进项税额"明细科目,贷记相关科目。交叉稽核比对无误后,借记"应交税金——应交增值税(进项税额)"科目,贷记"应交税金——待抵扣进项税额"科目。经核实不得抵扣的进项税额,红字借记"应交税金——待抵扣进项税额",红字贷记相关科目。

第十二条　主管税务机关定期接收交叉稽核比对结果,通过《稽核结果导出工具》导出发票明细数据及《稽核结果通知书》并告知辅导期纳税人。

辅导期纳税人根据交叉稽核比对结果相符的增值税抵扣凭证本期数据申报抵扣进项税额,未收到交叉稽核比对结果的增值税抵扣凭证留待下期抵扣。

第十三条　辅导期纳税人按以下要求填写《增值税纳税申报表附列资料(表二)》(注:该资料见实训软件)。

（一）第2栏填写当月取得认证相符且当月收到《稽核比对结果通知书》及其明细清单注明的稽核相符专用发票、协查结果中允许抵扣的专用发票的份数、金额、税额。

（二）第3栏填写前期取得认证相符且当月收到《稽核比对结果通知书》及其明细清单注明的稽核相符专用发票、协查结果中允许抵扣的专用发票的份数、金额、税额。

（三）第5栏填写税务机关告知的《稽核比对结果通知书》及其明细清单注明的本期稽核相符的海关进口增值税专用缴款书、协查结果中允许抵扣的海关进口增值税专用缴款书的份数、金额、税额。

（四）第7栏"废旧物资发票"不再填写。

（五）第8栏填写税务机关告知的《稽核比对结果通知书》及其明细清单注明的本期稽核相符的运输费用结算单据、协查结果中允许抵扣的运输费用结算单据的份数、金额、税额。

（六）第23栏填写认证相符但未收到稽核比对结果的增值税专用发票月初余额数。

（七）第24栏填写本月已认证相符但未收到稽核比对结果的专用发票数据。

（八）第25栏填写已认证相符但未收到稽核比对结果的专用发票月末余额数。

（九）第28栏填写本月未收到稽核比对结果的海关进口增值税专用缴款书。

（十）第30栏"废旧物资发票"不再填写。

（十一）第31栏填写本月未收到稽核比对结果的运输费用结算单据数据。

第十四条 主管税务机关在受理辅导期纳税人纳税申报时，按照以下要求进行"一窗式"票表比对。

（一）审核《增值税纳税申报表》附表二第3栏份数、金额、税额是否等于或小于本期稽核系统比对相符的专用发票抵扣联数据。

（二）审核《增值税纳税申报表》附表二第5栏份数、金额、税额是否等于或小于本期交叉稽核比对相符和协查后允许抵扣的海关进口增值税专用缴款书合计数。

（三）审核《增值税纳税申报表》附表二中第8栏的份数、金额是否等于或小于本期交叉稽核比对相符和协查后允许抵扣的运输费用结算单据合计数。

（四）申报表数据若大于稽核结果数据的，按现行"一窗式"票表比对异常情况处理。

第十五条 纳税辅导期内，主管税务机关未发现纳税人存在偷税、逃避追缴欠税、骗取出口退税、抗税或其他需要立案查处的税收违法行为的，从期满的次月起不再实行纳税辅导期管理，主管税务机关应制作、送达《税务事项通知书》，告知纳税人；主管税务机关发现辅导期纳税人存在偷税、逃避追缴欠税、骗取出口退税、抗税或其他需要立案查处的税收违法行为的，从期满的次月起按照本规定重新实行纳税辅导期管理，主管税务机关应制作、送达《税务事项通知书》，告知纳税人。

第十六条 本办法自2010年3月20日起执行。《国家税务总局关于加强新办商贸企业增值税征收管理有关问题的紧急通知》（国税发明电〔2004〕37号）、《国家税务总局关于辅导期一般纳税人实施"先比对、后扣税"有关管理问题的通知》（国税发明电〔2004〕51号）、《国家税务总局关于加强新办商贸企业增值税征收管理有关问题的补充通知》（国税发明电〔2004〕62号）、《国家税务总局关于辅导期增值税一般纳税人增值税专用发票预缴增值税有关问题的通知》（国税函〔2005〕1097号）同时废止。